Endlich Wochenende!

WAS BEDEUTET ...

… **die Dauer**? Bevor Sie mit einem Nähprojekt starten, sollten Sie sich informieren, wie viel Zeit Sie für die Vorbereitung, das Nähen und die Fertigstellung einplanen müssen. Bei jedem Projekt finden Sie deshalb ein kleines farbiges Label mit Stoppuhr-Zeichen ⏱ sowie eine Zeitangabe. Für die Projekte in diesem Buch benötigen Sie entweder max. 2 Stunden, etwa einen halben Tag, ungefähr einen Tag oder – bei sehr aufwendigen Modellen – ein ganzes Wochenende.

… **der Schwierigkeitsgrad**? Zu jedem Modell ist ein Schwierigkeitsgrad angegeben, dargestellt durch kleine Garnrollen. Eine Garnrolle bedeutet „einfach", diese Modelle sind relativ schnell umzusetzen, auch für Nähanfänger. Die Modelle, die mit zwei Garnrollen gekennzeichnet sind, haben einen mittleren Schwierigkeitsgrad. An die Modelle mit drei Garnrollen sollten Sie sich nur mit etwas Übung und Geduld wagen, sie sind etwas aufwendiger und benötigen Zeit.

… **ein „Rest"**? Als Rest gelten alle Stoffstücke, die kleiner als 15 cm x 15 cm sind.

… **der Vergrößerungsfaktor**? Einige Schnittmuster in diesem Buch sind verkleinert abgebildet. Bitte vergrößern Sie alle Schnittmuster auf den jeweils angegebenen Prozentwert. Angaben zur Nahtzugabe finden Sie beim Zuschnitt jedes Modells.

… **dieser Pfeil → auf den Schnittmusterseiten**? Dieser Pfeil zeigt auf jedem Schnittmusterteil die Strichrichtung bzw. den Fadenlauf des Stoffes an.

Extra-Service: Alle Schnittmuster auch zum Download

Alle in diesem Buch enthaltenen Schnittmuster haben wir für Sie auf unserer Webseite zum Download als PDF-Dateien bereitgestellt. So können Sie sich die Vorlagen im Format DIN A4 ausdrucken. Das Zusammenfügen mehrseitiger Schnittmuster ist nicht schwierig: Eine Anleitung hierzu finden Sie auf der Webseite. Für den Download der Schnittmuster sind ein PC mit Drucker, ein Internetzugang sowie der Adobe® Acrobat® Reader erforderlich.

Hier geht es zu den Schnittmustern:

www.naumann-goebel.de/weprojekte-naehen

Endlich Wochenende!

DIE 26 SCHÖNSTEN
Nähprojekte
FÜR FREIE TAGE

ICH ♡ NÄHEN

Inhalt

LOS GEHT'S!

HOME
SWEET
HOME

Für ein schönes Zuhause

✂ -

Wer mag es zu Hause nicht gemütlich und dabei einzigartig und individuell? Die bezaubernden Näh-Ideen in diesem Kapitel haben das Zeug zu Ihren Lieblingsstücken und lassen sich an maximal einem Wochenende nähen! Ob als farbenfrohe, wild gemusterte Hingucker oder ganz dezent Ton-in-Ton zu Ihrer Einrichtung passend — alle Modelle können Sie in jedem nur erdenklichen Look umsetzen!

♡

BLICKFANG!

Süßes Deko-Kissen

SCHWIERIGKEITSGRAD:

GRÖSSE: ca. 33 cm x 33 cm

2 STD.

MATERIAL

Baumwollstoff in Weiß mit Punkten, 40 cm breit, 30 cm lang

Baumwollstoff in Türkis mit Kokeshi-Muster, 40 cm breit, 50 cm lang

Lace-Reißverschluss (Reißverschluss mit Rüschenborte) in Rot, 40 cm lang

Kissenfüllung, 35 cm x 35 cm

farblich passendes Garn

SO WIRD'S GEMACHT

Zuschneiden:

(Hinweis: Alle Maße sind inklusive Nahtzugaben.)

aus gepunktetem Baumwollstoff: 1 x Kissen-Oberteil 37 cm breit, 24 cm lang

aus Baumwollstoff mit Muster: 1 x Kissen-Unterteil 37 cm breit, 48 cm lang

1 Die beiden Stoffe rechts auf rechts mit den je 37 cm langen Kanten bündig aufeinanderlegen, bei 1 cm Nahtzugabe an dieser kurzen Seite zusammennähen. Die Nahtzugabe auseinanderbügeln.

2 De offenen kurzen Kanten jeweils zweimal 1,5 cm einschlagen, die Kanten bügeln.

3 Beide Seiten des geöffneten Lace-Reißverschlusses nacheinander an die gebügelten Kanten auf die rechte Stoffseite stecken und annähen.

4 Den Reißverschluss schließen und den Stoff wenden, die Nahtzugabe zeigt nach außen. Die Stoffmuster jeweils deckungsgleich übereinanderlegen. Eine offene Seite bei 2 cm Nahtzugabe zusammennähen. Den Reißverschluss ca. 10–15 cm öffnen, dann die zweite Seitennaht schließen.

5 Die Nahtzugaben in den Ecken und die Überlänge des Reißverschlusses zurückschneiden. Die Nahtzugaben auseinanderbügeln. Zum Schluss den Reißverschluss ganz öffnen und die Kissenhülle wenden, die Kissenfüllung einsetzen.

Tipp

Wer sein Kissen ganz persönlich gestalten möchte, näht seitlich einfach noch ein individuelles Label ein.

Küchengardine

SCHWIERIGKEITSGRAD: ● ● ●

GRÖSSE: ca. 70 cm x 55 cm

MATERIAL

Waffelpikee-Geschirrtuch in Weiß, 50 cm breit, 70 cm lang

Baumwollstoff mit Einmachglas-Muster, 140 cm breit, 40 cm lang

Klöppelspitze in Hellgrün, 1 cm breit, 80 cm lang

farblich passendes Garn

SO WIRD'S GEMACHT

Zuschneiden:

aus Baumwollstoff mit Muster: 1 x 70 cm breit, 40 cm lang plus 1 cm Nahtzugabe

1 Die kurzen Kanten und die obere lange Kante des gemusterten Baumwollstoffes versäubern. Die senkrechten Kanten des Schnittteils auf die linke Seite falten und bügeln (Achtung: Vorher überprüfen, dass die Breite des Schnittteils der Länge des Geschirrtuches entspricht). Von rechts 1 cm breit feststeppen.

2 Die obere Kante 5,5 cm breit zur linken Seite falten und bügeln. Mit 3 cm und 5 cm Abstand zur Bruchkante zwei Nähte für einen Tunnel steppen.

3 Das Geschirrtuch der Länge nach in zwei Hälften schneiden. Die untere Schnittkante des gemusterten Stoffes links auf rechts auf die Schnittkante einer der Geschirrtuch-Hälften stecken und entlang einer beliebigen Musterlinie (oder gerade) aufsteppen. Anschließend die Stepplinie mit engem Zickzackstich (Stichlänge 0,3 mm, Stichbreite 3 mm) nachsteppen. Den überstehenden Stoff dicht am Zickzackstich abschneiden.

4 Die Klöppelspitze mit 3,5 cm Abstand zur unteren Gardinenkante aufstecken und knappkantig feststeppen, dabei die Enden 1 cm breit einschlagen.

Tipp

Statt Waffelpikee können Sie auch (Häkel-)Spitze verwenden. Das macht die Gardine luftiger.

Sitzkissen

SCHWIERIGKEITSGRAD:

GRÖSSE: Ø 45 cm, ca. 25 cm hoch

MATERIAL

Schemazeichnung Seite 78

Baumwollstoff in Beige mit Punkten, 140 cm breit, 80 cm lang

Volumenvlies zum Aufbügeln, 140 cm breit, 80 cm lang

farblich passender Reißverschluss, 40 cm lang

Pomponborte in Hellblau, 160 cm lang

Styroporkugeln (ca. 12 l)

farblich passendes Garn

SO WIRD'S GEMACHT

Zuschneiden:

(Hinweis: Den Baumwollstoff vor dem Zuschneiden auf der Rückseite mit Volumenvlies verstärken.)

aus gepunktetem Baumwollstoff: 2 x Seitenwand, inkl. Nahtzugaben

1 x Oberseite, inkl. Nahtzugabe

2 x Boden, inkl. Nahzugabe plus 1,5 cm Nahtzugabe an der geraden Seite

1 Die beiden Halbkreise für den Boden rechts auf rechts aufeinanderlegen, die geraden Seiten vom Rand aus bei 1,5 cm jeweils 5 cm zusammennähen. Die Nahtzugabe auseinanderbügeln. Anschließend den Reißverschluss von Hand einheften, dann mit der Nähmaschine annähen.

2 Die beiden Schnittteile für die Seitenwand rechts auf rechts übereinanderlegen, die kurzen Seiten jeweils bei 1,5 cm zusammennähen, sodass ein Ring entsteht.

3 Den Kreis für die Oberseite in den Ring stecken und mit Nadeln fixieren. Das Vlies zeigt an allen Seiten nach außen. Die Oberseite an die Seitenwand nähen.

4 Den Stoff wenden, die Pomponborte oberhalb der Kreisnaht aufstecken und ansteppen. Alternativ kann die Borte auch von Hand aufgenäht werden.

5 Den Reißverschluss an der Bodenseite öffnen. Das obere Kissenteil wieder wenden. Den Boden rechts auf rechts in den Stoffring stecken, mit Nadeln fixieren und annähen. Den Stoff durch den offenen Reißverschluss wenden.

6 Das Sitzkissen mit den Styroporkugeln befüllen und den Reißverschluss schließen.

Tipp

Vor dem Waschen der Kissenhülle die Füllung einfach in eine große Plastiktüte schütten.

Stuhlhusse

SCHWIERIGKEITSGRAD:

GRÖSSE: kann individuell angepasst werden

MATERIAL

Schnittmuster/Schemazeichnung Seite 66/67

(Hinweis: Das Maß der Husse berechnet sich aus der Höhe der Lehne sowie der Breite und Sitztiefe des Stuhls, siehe Schnittmuster.)

Baumwollstoff in Türkis mit Paisleymuster: 145 cm breit, Länge: 2 x Sitztiefe plus 10 cm (für eine Hussenlänge über 140 cm); 145 cm breit, Länge: 1 x Sitztiefe plus 5 cm (für eine Hussenlänge unter 140 cm)

Baumwollstoff in Gelb: im Maß des Stoffs mit Paisleymuster

Baumwollstoff in Orange gepunktet, 140 cm breit, 30 cm lang

Baumwollstoff in Orange, 25 cm breit, 20 cm lang

Zackenlitze in Türkis, 1 cm breit, 60 cm lang

Volumenvlies zum Aufbügeln, im Maß des Stoffs mit Paisleymuster

Blütenapplikation zum Aufbügeln; Holzstäbchen

farblich passendes Garn

SO WIRD'S GEMACHT

Zuschneiden:

(Hinweis: Alle Teile mit 1 cm Nahtzugabe zuschneiden.)

aus Baumwollstoff mit Paisleymuster: 1 x Husse; 8 x Bindebänder 3 cm breit, 25 cm lang

aus Baumwollstoff in Gelb: 1 x Husse

aus Volumenvlies: 1 x Husse

aus Baumwollstoff in Orange: 1 x Oval

aus Baumwollstoff mit Pünktchen: 2 x Rüsche Längskanten: Länge der Husse x 1,8 und 6 cm breit (inkl. 1 cm Nahtzugabe), 1 x Rüsche Oval 3 cm breit, 110 cm lang (inkl. 1 cm Nahtzugabe)

1 Das Volumenvlies auf die Rückseite des Hussen-Schnittteils aufbügeln. Wird die Husse mit einer Naht gearbeitet, das Volumenvlies auf beide Teile aufbügeln, die Teile zusammensteppen und die Nahtzugaben auseinanderbügeln.

2 Die Rüsche für das Oval entlang einer langen Seite versäubern. Die kurzen Seiten der Rüsche rechts auf rechts stecken und mit einer Naht zum Ring schließen. Die Nahtzugaben versäubern und in eine Richtung bügeln. Auf der Nahtzugabe der unversäuberten langen Rüschenkante eine doppelte Reihnaht mit der größten Stichlänge (4–7 mm) steppen, die Fadenenden nicht abschneiden. Die Unterfäden der Reihnaht so weit von beiden Enden her anziehen, bis der Ring einen Umfang von 56 cm hat. Den Stoff gleichmäßig auf dieser Länge verteilen.

3 Die Reihnähte unter das Oval schieben und feststecken. Das Oval mit Rüsche auf die Lehnenrückseite des Paisleystoffes stecken. Eventuell die Mehrweite der Rüsche noch einmal korrigieren. Das Oval rundum 5 mm breit aufsteppen, dabei die Rüsche mitfassen. Die Zackenlitze über die Kanten des Ovals stecken, dabei das Ende eingeschlagen über den Anfang stecken. Die Zackenlitze rundum aufsteppen. Die Applikation in der Mitte des Ovals aufbügeln.

4 Die beiden Rüschen für die Längskanten an den Enden verstürzen: Die kurzen Seiten jeweils rechts auf rechts falten und die Naht steppen. Die Nahtzugaben zurückschneiden und die Enden wenden. Die Kante bügeln. Die Rüschen jeweils der Länge nach links auf links aufeinanderfalten. Entlang der offenen Kanten auf der Nahtzugabe

zwei Reihnähte mit der größten Stichlänge steppen, die Fadenenden am Nahtanfang dicht an der Naht verknoten, die Fäden am Nahtende nicht abschneiden. Die Unterfäden des Nahtendes anziehen, bis die Rüsche die erforderliche Länge für die Hussenkante hat. Nun die Unterfäden ebenfalls dicht an der Naht verknoten. Die Mehrweite des Stoffes gleichmäßig auf den Reihfäden verteilen. Die offenen Rüschenkanten rechts auf rechts auf die Längskanten der Husse stecken (die Rüschen liegen dabei nach innen).

5 Die Bindebänder längs rechts auf rechts falten. Eine kurze Seite und die langen Seiten in Nahtzugabenbreite zusammensteppen. Die Nahtzugaben zurückschneiden und die Bänder mit einem dünnen Holzstäbchen wenden. Die Bänder bügeln. Die Bänder jeweils mit der offenen kurzen Seite rechts auf rechts auf die Markierungen der Husse stecken (die Bänder liegen dabei nach innen).

6 Den gelben Hussenstoff rechts auf rechts auf die Paisleyhusse stecken. Die Naht rundum von einer Schmalseite her steppen, dabei einen 10 cm langen Schlitz zum Wenden offen lassen, gleichzeitig mit der Naht die Bindebänder und die Rüsche mitfassen. Die Husse durch den Schlitz wenden, die Kanten formen und bügeln. Die Nahtzugaben am Schlitz zur linken Seite falten und feststecken. Die Husse rundum knappkantig absteppen, dabei die Schlitzkanten schließen.

Lampenschirmbezug

SCHWIERIGKEITSGRAD:

GRÖSSE: 17,5 cm hoch, Ø oben 16,5 cm, unten 29 cm

MATERIAL

Schnittmuster Seite 68

Baumwollstoff in Hellblau mit Rosenmuster,
145 cm breit, 30 cm lang

Baumwollstoff in Weiß-Hellblau gemustert,
145 cm breit, 15 cm lang

stärkeres Bügelvlies, einseitig haftend, 90 cm breit,
30 cm lang

Klöppelspitze in Creme, 1,2 cm breit, 300 cm lang

Samtzackenlitze in Rosé, 1 cm breit, 200 cm lang

farblich passendes Garn

SO WIRD'S GEMACHT

Zuschneiden:

(Hinweis: Alle Teile mit 1 cm Nahtzugabe zuschneiden.)

aus Baumwollstoff mit Rosenmuster: 2 x Lampenschirm im Bruch

aus gemustertem Baumwollstoff: 1 x Faltenrüsche, insgesamt
235 cm lang (aus mehreren Stücken), 12 cm breit

aus Bügelvlies: 2 x Lampenschirm im Bruch

1 Das Bügelvlies jeweils auf die linken Stoffseiten des Lampenschirmbezugs bügeln. Die senkrechten Kanten der Schnittteile aufeinanderstecken und die Nähte 1 cm breit steppen. Die Nahtzugaben einzeln versäubern und auseinanderbügeln. Dann die obere und die untere Kante des Bezugs versäubern. Die obere Kante ringsum 1 cm breit zur linken Seite falten und bügeln. Die Zackenlitze entlang der oberen Kante stecken, dabei das Ende einschlagen und über den Anfang stecken. Die Zackenlitze mittig aufsteppen, dabei die umgeschlagene Stoffkante mitfassen.

2 Die Verbindungsnähte der einzelnen Teile des Rüschenstreifens steppen. Die Schmalseiten des Rüschenstreifens rechts auf rechts stecken, sodass der Streifen zum Ring geschlossen wird. Die Naht steppen, dabei einen 4 cm langen Wendeschlitz offen lassen. Die Nahtzugaben auseinanderbügeln. Entlang einer der langen Kanten die Spitze so auf die Nahtlinie stecken, dass die gerade Spitzenkante 5 mm breit über der Nahtlinie liegt (Richtung Stoffkante). Die Spitze knapp neben der Nahtlinie auf der Nahtzugabe mit der größten Stichlänge aufheften. Nun den Rüschenring der Länge nach mittig rechts auf rechts falten und feststecken, dann die langen Kanten rundum zusammensteppen. Die Nahtzugaben zurückschneiden und den Ring durch den Schlitz wenden. Die Kanten des Rings bügeln, dabei steht die Spitze nach oben. Den Wendeschlitz mit Handstichen schließen.

3 Auf dem Ring die Falten rundum markieren: Von der Naht weg *2 cm = Faltenaufsicht und 2 x 1,5 cm = Faltenuntertritt*, ab * ständig wiederholen, bis der gesamte Ring markiert ist. Nun die Falten legen und feststecken. Die obere Faltenkante (mit der Spitze) bügeln und 5 mm neben der Naht die Falten rundum mit einer Steppnaht fixieren.

4 Die Faltenrüsche 1 cm breit über die untere Lampenschirmkante schieben. Die Zackenlitze ringsum auf die obere Kante der Faltenrüsche stecken, dabei die Enden herabhängen lassen. Die Zackenlitze mittig aufsteppen, dabei die Rüsche gleichzeitig auf der Schirmkante festnähen. Die Enden der Zackenlitze zur Schleife binden.

Einen eigenen Lampenschirmschnitt erstellen:

1 Einen Streifen Schnittpapier anliegend um den ausgewählten Lampenschirm wickeln. Die Enden des Papierstreifens gut mit Klebestreifen aufeinander fixieren.

2 Der oberen und unteren Papierrand grob abschneiden.

3 Den Lampenschirm mit dem Papier auf dem Tisch abrollen, dabei mit Bleistift den oberen und unteren Schirmrand auf der inneren Papierseite markieren.

4 Das Papier vorsichtig vom Schirm abziehen, die Klebestreifen dabei nicht lösen. Entlang der Bleistiftmarkierungen den oberen und unteren Rand beschneiden.

5 Dann das gerollte Papier auf dem Tisch flach streichen, so erhält man den Schnitt für die Hälfte des Bezugs. Wenn Sie die Hälfte mittig aufeinanderfalten, erhalten Sie entlang der Bruchkante den Fadenlauf.

Stuhlkissen

SCHWIERIGKEITSGRAD:

GRÖSSE: 40 cm x 40 cm

MATERIAL

Schnittmuster Seite 67

Baumwollstoff in Pink-Grün mit Blumenmuster, 140 cm breit, 25 cm lang

Baumwollstoff in Pink-Grün gestreift, 140 cm breit, 25 cm lang

Baumwollstoff in Grün, 140 cm breit, 50 cm lang

Baumwollstoff in Grün-Weiß kariert, 140 cm breit, 20 cm lang oder Rest 20 x 20 cm

Baumwollstoff in Pink-Grün kariert, 140 cm breit, 20 cm lang oder Rest 20 x 20 cm

Baumwollstoff in Pink gemustert, 140 cm breit, 20 cm lang

Schaumstoffpolster, 40 cm x 40 cm, 4 cm dick

farblich passendes Garn

SO WIRD'S GEMACHT

Zuschneiden:

(Hinweis: Alle Teile mit 1 cm Nahtzugabe zuschneiden.)

aus Baumwollstoff mit Blumenmuster: 2 x Dreieck; 5 x Quadrat 6 cm breit, 6 cm lang

aus gestreiftem Baumwollstoff: 2 x Dreieck; 4 x Randstreifen 4 cm breit, 40 cm lang

aus grünem Baumwollstoff: 1 x Unterseite 40 cm breit, 40 cm lang; 4 x Quadrat 6 cm breit, 6 cm lang

aus Baumwollstoff in Pink-Grün kariert: 3 x Quadrat 6 cm breit, 6 cm lang

aus Baumwollstoff in Grün-Weiß kariert: 4 x Quadrat 6 cm breit, 6 cm lang

aus gemustertem Baumwollstoff in Pink: Einfassstreifen 4 x 2 cm breit, 40 cm lang und 4 x 2 cm breit, 42 cm lang; 4 x Bindebänder 3 cm breit, 50 cm lang; Abdeckstreifen 2 x 2 cm breit, 26 cm lang und 2 x 2 cm breit, 27 cm lang (inkl. 5 mm Nahtzugabe)

1 Für das Patchwork-Mittelteil die Quadrate zu einem großen Quadrat (je vier Stück in vier Reihen) nach Belieben anordnen. Die Quadrate jeder Reihe zusammennähen: Die ersten beiden Quadrate rechts auf rechts legen und aufeinanderstecken. Die Verbindungsnaht 1 cm breit steppen. Das dritte Quadrat an das zweite steppen, das vierte an das dritte. Die Nahtzugaben immer zusammengefasst in eine Richtung bügeln. Auf diese Weise auch die drei anderen Quadratreihen steppen und bügeln. Anschließend die ersten beiden Reihen entlang jeweils einer langen Kante rechts auf rechts stecken und aneinandernähen, die übrigen Reihen genauso zusammensteppen. Das fertige große Quadrat bügeln.

2 Ein geblümtes Dreieck rechts auf rechts auf ein gestreiftes legen. Entlang einer der beiden kürzeren Seiten zusammensteppen, die Nahtzugaben auseinanderbügeln. Die beiden übrigen Dreiecke ebenso aneinandersteppen, dabei die Teile so verbinden, dass sich die gleich gemusterten Dreiecke gegenüberliegen. Nun die beiden großen Dreiecke entlang der Diagonalen rechts auf rechts stecken, dabei treffen die Nähte im Mittelpunkt aufeinander. Die Naht steppen, die Nahtzugaben auseinanderbügeln.

Türstopper Igel

SCHWIERIGKEITSGRAD:

GRÖSSE: 25 cm x 35 cm

MATERIAL

Schnittmuster Seite 64

Baumwollstoff mit Kreisen, 140 cm breit,
30 cm lang

Baumwollstoff in Orange-Rot kariert, 15 cm breit,
20 cm lang

Baumwollstoff in Grün gepunktet, 10 cm breit,
10 cm lang

Stoffreste in Rot, Schwarz und Blau gepunktet
(Augen, Wangen und Schnauzenspitze)

Bügelvlies, beidseitig haftend, 10 cm breit,
10 cm lang

Backpapier

Kieselsteine

Füllwatte

farblich passendes Garn

SO WIRD'S GEMACHT

Zuschneiden:

(Hinweis: Alle Teile mit 1 cm Nahtzugabe zuschneiden.)

aus Baumwollstoff mit Kreisen: 1 x Bauch im Bruch, 2 x Rücken

aus kariertem Baumwollstoff: 1 x Unterseite Schnauze,
2 x Oberseite Schnauze

aus Baumwollstoff in Grün gepunktet: 1 x Herz

1 Auf das Bügelvlies die Schnauzenspitze oben 2 x und die Schnauzenspitze unten 1 x, die Augen und die Wangen je 2 x sowie das Herz 1 x durchzeichnen. Die Teile grob ausschneiden und auf die Rückseiten der entsprechenden Stoffe legen, mit Backpapier abdecken und aufbügeln. Anschließend entlang der Kontur ausschneiden. Die Motive an den entsprechenden Stellen auf die Stoff-Schnittteile aufbügeln. Das Herz zusätzlich mit kontrastfarbigem Garn mit engem Zickzackstich umstepppen.

2 Die Schnittteile des Rückens rechts auf rechts legen und stecken. Die Zackenkontur mit 2 mm langen Geradstichen bis zur Markierung „Kopf" steppen. Die Nahtzugaben zurück-, an den Innenecken ein- und an den Außenecken schräg abschneiden. Den Rücken wenden und die Zacken gut ausformen. Die Zacken bügeln und knappkantig absteppen.

3 Die Naht an der Schnauzenoberseite rechts auf rechts steppen, die Nahtzugaben auseinanderbügeln. Die Schnauzenoberseite rechts auf rechts auf die Unterseite legen und die Längsnähte steppen. Die Nahtzugabe an der Spitze zurückschneiden und die Schnauze wenden.

4 Entlang der seitlichen Kanten des Rückens beidseitig eine Reihnaht steppen, den Unterfaden leicht anziehen. Die Kante von der rückwärtigen Mitte des Bauches aus auf den Bauch stecken. Die Bauchnaht steppen, einen 6 cm langen Wendeschlitz offen lassen.

5 Den Körper rechts auf rechts auf die Schnauze stecken, die Markierungen liegen übereinander. Die Schnauze rundum steppen und den Igel wenden.

6 Die Stacheln mit Füllwatte ausformen. Die Schnauze mit Watte ausstopfen, den Körper mit den Kieselsteinen und zusätzlich fest mit Füllwatte ausstopfen. Den Schlitz mit Handstichen schließen.

Tischdeckenzelt

SCHWIERIGKEITSGRAD:

GRÖSSE: kann individuell angepasst werden

MATERIAL

Schnittmuster/Schemazeichnung Seite 68/69

Baumwollstoff in Grün: 140 cm breit,
Länge: 3 x Tischlänge plus 2 x Tischhöhe plus 20 cm

Baumwollstoff in Blau kariert, 140 cm breit,
120 cm lang

Stoffe mit verschiedenen Mustern und Farben
(je 35 cm x 35 cm für eine Blume)

Bügelvlies, beidseitig haftend, 90 cm breit,
150 cm lang

Gardinenvoile, 60 cm breit, 40 cm lang

Zackenlitze in Hellblau, 0,5–1 cm breit, 60 cm lang

Backpapier

farblich passendes Gran

SO WIRD'S GEMACHT

Zuschneiden:

(Hinweis: Alle Teile bis auf die Blumen mit 1 cm Nahtzugabe zuschneiden. Die Schnittteile für die Tischdecke direkt auf den Stoff
aufzeichnen.)

aus grünem Baumwollstoff: 1 x Oberseite Tisch; 2 x Seitenteil
schmal; 2 x Seitenteil breit

aus kariertem Baumwollstoff: 2 x Tür (davon 1 x seitenverkehrt);
8 x Raffband 8 cm breit, 75 cm lang; 2 x Fenstereinfassung senkrecht
2 cm breit, 38 cm lang, 2 x Fenstereinfassung waagerecht 2 cm breit,
36 cm lang; 1 x Mittelsteg 4 cm breit, 38 cm lang

Blumen in beliebiger Anzahl (ohne Nahtzugabe)

1 Die Raffbänder jeweils der Länge nach rechts auf rechts legen.
Eine kurze Seite und die langen Seiten zusammensteppen. Die Nahtzugaben zurückschneiden und die Bänder wenden. Die Kanten formen und bügeln.

2 Blumen in gewünschter Zahl auf das Bügelvlies kopieren und mit
grobem Umriss ausschneiden. Auf die Rückseite der Stoffreste legen,
mit Backpapier abdecken und aufbügeln. Anschließend die Blumen
entlang der Kontur ausschneiden. Die Blumen auf dem Schnittteil
der Tischoberseite beliebig anordnen und aufbügeln. Durch das Vlies
können die Kanten beim Waschen nicht ausfransen.

3 An den Schnittteilen der Tür die gerade lange Kante zweimal je
1 cm auf die linke Seite bügeln und 1 cm breit absteppen. Die
Tür-Schnittteile entlang der Anstoßlinie überlappend aneinander-
legen, die Kanten aufeinanderheften. Den Türausschnitt mittig auf
einem schmalen Seitenteil markieren. Die Tür mit Nahtzugabe herausschneiden. Die Kanten der aufeinandergehefteten Tür rechts auf
rechts auf den Ausschnitt stecken, zuerst eine Hälfte bis zur oberen
Mitte. Diese Hälfte feststeppen, dann die zweite Hälfte stecken und
feststeppen. Die Kanten zusammengefasst versäubern und in die
Tischdecke bügeln.

4 Für das Fenster den Ausschnitt auf einem breiten Seitenteil markieren und mit 1 cm Nahtzugabe herausschneiden. Die Kanten versäubern. Die Nahtzugaben zu den Ecken hin schräg einschneiden.
Die Nahtzugaben zur rechten Stoffseite falten und bügeln. Die langen Kanten der Einfassbänder jeweils 1 cm breit auf die linke Seite
bügeln. Den Mittelsteg längs links auf links falten und die langen
Kanten zusammensteppen. Den Steg wenden und bügeln, anschließend zwischen oberer und unterer Fensterkante mittig auf die Aus-
schnittkanten stecken. Zuerst die waagerechten Einfassbänder bündig über den Ausschnitt stecken und beidseitig knappkantig aufsteppen, dabei die Enden des Mittelstegs mitfassen. Nun die senkrechten
Einfassbänder bündig über den Ausschnitt stecken, die Enden de-
cken dabei die waagerechten Einfassbänder ab. Die senkrechten
Einfassbänder rundum knappkantig aufsteppen.

5 Den Gardinenvoile in zwei Hälften teilen, dabei liegt die Borte unten. Die obere Kante auf je 16 cm Länge einreihen. Die eingereihte Kante hinter die obere Fensterkante stecken und knappkantig feststeppen. An den Fensterseiten zwei je 30 cm lange Litzenstücke mittig als Raffband für die Gardine neben dem Einfassband verriegeln.

6 Die Raffbänder jeweils mit der offenen kurzen Kante entsprechend der Markierungen an die obere Kante der breiten Seitenteile stecken, sodass je zwei Bänder außen und zwei Bänder innen liegen. Die breiten Seitenteile entlang der Längskanten der Oberseite rechts auf rechts stecken und feststeppen, dabei die Bänder mitfassen.

7 Die schmalen Seitenteile rechts auf rechts an die kurzen Kanten der Oberseite stecken und feststeppen. Von den Ecken aus die senkrechten Kanten der Seitenteile aufeinanderstecken und zusammensteppen. Alle Nahtzugaben an der Oberseite und den senkrechten

Kanten zusammengefasst versäubern und zu einer Seite bügeln. Die Saumkante rundum versäubern und 1 cm breit zur linken Seite bügeln. Den Saum 1 cm breit von der Tür aus rundum steppen.

Tipp

Damit aus dem Spielzelt eine Tischdecke wird, z. B. beim Kindergeburtstag, die Seitenteile einfach mithilfe der Bänder zusammenraffen.
Die Blumen so anordnen, dass sie als Platzset genutzt werden können. Statt Baumwollstoffen kann auch abwischbares Wachstuch für die Blumen verwendet und aufgenäht werden.

IM
TREND

Mode, Taschen & Accessoires

✂ -

SIE HABEN LUST AUF ETWAS NEUES IM KLEIDERSCHRANK UND FINDEN
EINFACH NICHT DAS RICHTIGE? DANN IST SELBERNÄHEN DIE LÖSUNG!
FREUEN SIE SICH IN DIESEM KAPITEL AUF TOLLE, AUCH FÜR
EINSTEIGER GUT UMSETZBARE IDEEN FÜR EIN SOMMERTOP,
EINE ZEITLOS SCHÖNE HOSE, EINEN DUFTIG-LEICHTEN ROCK,
EINEN BEQUEMEN LOOP, EINEN HUT N ZWEI VARIANTEN, ZWEI
TASCHEN UND EIN ZAUBERHAFTES SCHMUCKSET!

♡

Loopschal

SCHWIERIGKEITSGRAD:

GRÖSSE: ca. 34 cm hoch, ca. 67 cm breit

MATERIAL

Baumwollstoff in Hellblau gepunktet, 140 cm breit, 40 cm lang

Baumwollstoff in Blau gemustert, 140 cm breit, 35 cm lang

Paspelband in Gelb, 280 cm lang

farblich passendes Garn

SO WIRD'S GEMACHT

Zuschneiden:

(Hinweis: Alle Maße sind inklusive 1 cm Nahtzugabe.)

aus gepunktetem Baumwollstoff: 1 x 140 cm breit, 37 cm lang

aus gemustertem Baumwollstoff: 1 x 140 cm breit, 32 cm lang

1 Das Paspelband an den langen Seiten auf die rechte Stoffseite des gepunkteten Stoffes reihen. Die flache Seite des Bandes zeigt dabei nach außen, die runde Kante zeigt in Richtung Stoff.

2 Die beiden Stoffbahnen an den langen Kanten rechts auf rechts übereinanderlegen und zusammenstecken. Jetzt entlang der langen Seiten die Stofflagen zusammennähen, dabei darauf achten, dass die Naht gleichmäßig parallel zur Paspel verläuft. Anschließend den Reihfaden des Paspelbandes entfernen.

3 Mit der Hand durch den Stoffschlauch greifen (linke Stoffseite zeigt nach außen). Die untere Kante durch den Schlauch auf die obere Stoffkante ziehen, dabei darauf achten, dass sich die Stoffe nicht verdrehen und die Muster jeweils deckungsgleich aufeinanderliegen. Dann die Kanten der kurzen Seiten zusammenstecken. Die Naht bis auf eine Wendeöffnung von ca. 10 cm schließen.

4 Den Schal wenden, die Wendeöffnung knappkantig mit der Nähmaschine zusammennähen oder von Hand schließen.

Tipp

Je länger der Loopschal zugeschnitten wird, desto lockerer fällt er um den Hals. Bei ganz dünnen Stoffen, wie z. B. Seide, empfiehlt es sich, die Stoffbreite für ein schönes Volumen deutlich größer zu wählen.

LÄSSIGER
CHIC

Strandtasche

SCHWIERIGKEITSGRAD:

GRÖSSE: 40 cm x 45 cm

MATERIAL

Schnittmuster Seite 65

Baumwollstoff in Blau-Weiß-Rot gestreift,
45 cm breit, 150 cm lang

Filz in Rot, 3 cm breit, 20 cm lang, 3 mm stark

Filzrest in Rot, 8 cm breit, 8 cm lang, 3 mm stark

Gurtband in Rot, 4 cm breit, 120 cm lang

farblich passendes Garn

SO WIRD'S GEMACHT

Zuschneiden:

(Hinweis: Alle Maße sind inklusive 1 cm Nahtzugabe.)

aus gestreiftem Baumwollstoff:
1 x Tasche, 42 cm breit, 115 cm lang
1 x aufgesetzte Tasche, 22 cm breit, 15 cm lang
4 x Griffverstärker, 6 cm breit, 7 cm lang

aus rotem Filzrest: 1 x Segelschiff

1 Tasche: Alle Kanten des Taschenschnittteils und der aufgesetzten Tasche mit Zickzackstich versäubern. An beiden kurzen Seiten des Taschenschnittteils 10 cm von der Kante entfernt eine Linie anzeichnen und den Stoff bis zu dieser Linie links auf links umbügeln. Diese Seiten sind später die oberen Taschenkanten. Die umgebügelten Kanten wieder aufschlagen, das Taschenteil quer zur Hälfte rechts auf rechts falten und die beiden Seitennähte steppen. Die Nahtzugaben auseinanderbügeln. Die vorgebügelte obere Taschenkante wieder links auf links umschlagen und ca. 4 cm breit absteppen. Alle Taschenkanten glatt aufeinanderlegen und den Bruch der unteren Taschenkante überbügeln. Diese Hilfslinie wird zum Abnähen der Ecken benötigt. Die Tasche auf links wenden und die eingebügelte untere Taschenkante rechts auf rechts auf die Seitennähte stecken. An diesen Dreiecken nun jeweils eine 13 cm lange Ecke abnähen. Die Tasche wieder auf rechts wenden. Das Gurtband für die Tragegriffe in zwei Stücke von 60 cm Länge schneiden. Die Griffe jeweils 3 cm unterhalb der oberen Taschenkante und 10 cm von den Seitennähten entfernt auf die Tasche nähen.

2 Griffverstärker: Die Stoffstücke für die Griffverstärker an den beiden unteren Ecken 1,5 cm schräg abschneiden und anschließend alle Kanten 1 cm nach links umbügeln. Die Griffverstärker mittig auf die festgenähten Griffenden stecken und zunächst ringsum, anschließend nochmals diagonal feststeppen.

3 Aufgesetzte Tasche: Die aufgesetzte Tasche an allen Seiten 1 cm nach links umbügeln. Am Filzstreifen eine lange Seite mit einer Zackenschere beschneiden, unter die obere Taschenkante stecken und knappkantig festnähen. Das Segelschiff mittig auf das Schnittteil der aufgesetzten Tasche nähen. Anschließend die aufgesetzte Tasche mittig ca. 6–7 cm unterhalb der Griffverstärker aufnähen.

PLATZWUNDER!

TOPAKTUELLER
SCHNITT

Sommershirt

SCHWIERIGKEITSGRAD

GRÖSSE: 36/40, 42/46 und 48/50

⏱ 1/2 TAG

MATERIAL

Schnittmuster Seite 70

Viskosejersey in Pink, 140 cm breit, 140 cm lang
(Gr. 36/40), 150 cm lang (Gr. 42/46), 180 cm lang
(Gr. 48/50)

Elastikgummiband, 1 cm breit, 1 m lang

farblich passendes Garn

SO WIRD'S GEMACHT

Zuschneiden:

(Hinweis: Alle Teile mit 1 cm Nahtzugabe, Vorder-/Rückenteil
zusätzlich mit 3 cm Saumzugabe zuschneiden.)

aus Jersey: 1 x Vorder-/ Rückenteil im doppelten Stoffbruch
(vordere Mitte und Schulter); 1 x Ausschnittversäuberung
2 cm breit, 78 cm lang; 2 x Tunnelstreifen 2 cm breit,
54 cm (62 cm/68 cm) lang

1 Die Lage der Tunnelstreifen auf der linken Stoffseite des Vorder-
und des Rückenteils markieren. Die Nahtzugaben der Tunnelstreifen
auf die linke Stoffseite falten und bügeln. Die Tunnelstreifen auf den
markierten Bereich stecken. Entlang der langen Kanten knappkantig
aufsteppen.

2 Den Streifen für den Ausschnitt entlang der kurzen Seiten rechts
auf rechts falten und stecken, dann zu einem Ring zusammensteppen. Die Nahtzugaben auseinanderbügeln. Den Ring links auf
links falten und die Bruchkante bügeln. Die offenen Schnittkanten
rechts auf rechts auf den Ausschnitt stecken, dabei die Naht in die
rückwärtige Mitte oder in Schulterhöhe legen. Den doppellagigen
Ring rundum feststeppen. Die Nahtzugaben zurückschneiden und
entlang der Nahtlinie zur linken Stoffseite falten. Kante bügeln und
die Versäuberung 7 mm breit absteppen.

3 Den Saum und die seitlichen Kanten des Vorder- und des
Rückenteils versäubern. Die seitlichen Kanten je 1 cm breit auf die
linke Stoffseite falten und bügeln. 7 mm breit absteppen. Den Saum
je 3 cm breit auf die linke Stoffseite falten und bügeln. 2,5 cm breit
absteppen.

4 Das Vorderteil links auf links auf das Rückenteil legen, die seitlichen Kanten und der Saum liegen bündig aufeinander. Die senkrechten Stepplinien markieren und aufeinanderstecken. Die Naht
durch beide Lagen steppen.

5 Das Elastikgummiband mit einer Sicherheitsnadel durch die
Tunnelstreifen ziehen. Die Enden bei der passenden Taillenweite aufeinandersteppen.

Tellerrock

1 TAG ⏱

✂ -

SCHWIERIGKEITSGRAD:

GRÖSSE: 36–46

MATERIAL

Baumwollstoff mit fliederfarbenen Kreisen,
145 cm breit, 150 cm lang

Baumwollstoff in Grün-Weiß gestreift, 145 cm breit,
10 cm lang

Schnittpapier, Bleistift, Schnur, Nadel

farblich passender Reißverschluss, 20 cm lang

farblich passender Knopf, ø 1,5 cm

Bundeinlage zum Aufbügeln, fertige Breite 2 cm,
75 cm lang

farblich passendes Garn

SO WIRD'S GEMACHT

Zunächst wird das Schnittmuster (Viertelkreis) für den Rock nach
den eigenen Maßen erstellt (siehe Größentabelle S. 33 sowie
Schritte 1–4).

Zuschneiden:

aus Baumwollstoff mit Kreisen: 1 x Rock im doppelten Bruch
(plus 1 cm Nahtzugabe); 1 x Bund, Länge: Taillenweite + 5 cm,
6 cm breit (inkl. 1 cm Nahtzugabe)

aus gestreiftem Baumwollstoff: 1 x Zierstreifen, 2,5 cm breit,
362 cm lang (bei Gr. 36, jede weitere Gr. + 4 cm, gesamte Länge aus
mehreren Stücken zusammengesetzt), inkl. 5 mm Nahtzugabe

1 Für das Schnittmuster die Taillenweite messen und die entsprechenden Maße nach der Tabelle übernehmen (der angegebene
Radius beinhaltet 1 cm Bewegungszugabe plus 3 cm Nahtzugabe
für den Reißverschluss).

2 Zum Aufzeichnen des Viertelkreises des Schnitts einen Zirkel
anfertigen: Eine 90 cm lange Schnur mit einem Ende um einen
Bleistift knoten. Das zweite Ende an einer Stecknadel festknoten,
sodass die Schnurlänge dem der Tabelle entnommenen Radius
(Taille) entspricht. Das Schnittpapier auf den Tisch legen. An einer
der Ecken des Bogens die Stecknadel senkrecht einstecken und
festhalten. Von diesem Punkt aus den entsprechenden Viertelkreis
aufzeichnen.

3 Für den zweiten Viertelkreis (= Rocksaum) die Schnur an der
Stecknadel aufknoten. Die Schnur in der Länge, die der gewünschten
Rocklänge minus 2 cm entspricht, wieder an der Stecknadel fest-
knoten. Bei dem Modell auf dem Foto beträgt die Länge 52 cm bei
Größe 36, sie kann individuell angepasst werden (maximale Länge
60 cm bei Gr. 36, 57 cm bei Gr. 46).

4 Den zweiten Viertelkreis mit dem gleichen Mittelpunkt wie zuvor
auf dem Papier aufzeichnen. Beide Viertelkreise ausschneiden.

5 Den Stoff im doppelten Stoffbruch auf den Tisch legen. Das
Schnittmuster von der Stoffecke, in der sich die beiden Bruchkanten
treffen, auflegen. Die geraden Kanten des Schnittmusters liegen dabei
genau auf den Bruchkanten des Stoffes. Die Taillenrundung und die
Saumrundung mit jeweils 1 cm Nahtzugabe zuschneiden. Nun den
Stoff auffalten. Eine Bruchkante für die rückwärtige Naht aufschneiden.

6 Die Schnittkanten für die rückwärtige Naht versäubern. Dann die
Kanten rechts auf rechts aufeinanderstecken. Von der Taille aus
20 cm für den Reißverschlussschlitz markieren. Von der Taille bis zum
Schlitzende die Naht mit 1,5 cm Nahtzugabenbreite mit der größten
Stichlänge heften. Ab dem Schlitzende bis zum Saum mit Stichlänge
2 mm die Naht steppen, dabei Anfang und Ende verriegeln.

7 Die Nahtzugaben auseinanderbügeln. Den Reißverschluss mittig unter die geheftete Naht stecken, evtl. auch heften. Rundum mit dem Reißverschlussfüßchen von der rechten Seite her steppen. Die Heftfäden herausziehen und den Reißverschluss probeweise öffnen.

8 Die Bundeinlage in entsprechender Länge zuschneiden und auf die linke Stoffseite des Bundes aufbügeln. Den Bund entlang der Taillenkante des Rocks rechts auf rechts stecken, dabei ragen 3 cm des Bundes (= Untertritt) quer über die rückwärtige Mittellinie des Rocks. Den Bund in der Perforierung der Einlage rundum feststeppen. Die Nahtzugaben in den Bund bügeln. Die Bundenden mit eingefalteter Nahtzugabe rechts auf rechts stecken. Die senkrechten Kanten in Nahtzugabenbreite aufeinandersteppen (= verstürzen). Die Nahtzugaben zurückschneiden und die Bundenden auf rechts wenden. Die eingeschlagene zweite Längskante des Bundes rundum links auf links auf die Ansatznaht klappen und stecken. Von der rechten Seite her den Bund knappkantig neben der Ansatznaht steppen, dabei die darunterliegende Bundkante mitfassen.

9 In den Übertritt des Bundendes ein Knopfloch arbeiten, auf den Untertritt den Knopf nähen.

10 Die kurzen Kanten der Zierbandteile rechts auf rechts stecken und steppen, die Nahtzugaben auseinanderbügeln. Die langen Kanten 5 mm breit auf die linke Seite falten und bügeln. Den Rocksaum versäubern. Den Saum 1 cm breit zur linken Seite bügeln, dabei beim Bügeln die Mehrweite einhalten (in kleine Fältchen bügeln oder vorher einreihen). Den Saum 7 mm breit von der rechten Seite her absteppen. Von der rückwärtigen Mittelnaht aus rundum die Markierung für den Zierstreifen mit 7 cm Abstand zum Saum aufzeichnen. Die eingebügelten Kanten des Zierstreifens entlang der Markierung aufstecken. Das Ende des Streifens eingeschlagen über den Anfang stecken. Der Streifen rundum an beiden Kanten knappkantig aufsteppen.

Größe	36	38	40	42	44	46
Taillenweite	66	70	74	78	82	86
Radius	11	11,8	12,4	13	13,7	14,3

Marlene-Hose

1 TAG ⏱

SCHWIERIGKEITSGRAD:

GRÖSSE: 36/38, innere Beinlänge ca. 88 cm

MATERIAL

Schnittmuster Seite 71

Viskose- oder Baumwollstoff in Hellbeige mit Nadelstreifen, 140 cm breit, 290 cm lang

Viskosestoff mit schmalen Streifen, 140 cm breit, 20 cm lang

Elastikgummiband, 1,2 cm breit, 160 cm lang

farblich passendes Garn

SO WIRD'S GEMACHT

Zuschneiden:

(Hinweis: Beim Zuschneiden liegt der Stoff doppelt, so erhält man die spiegelverkehrten Teile für beide Körperseiten automatisch. Alle Teile mit 1 cm Nahtzugabe, die Vorder- und Rückseite zusätzlich mit je 3 cm Saumzugabe zuschneiden.)

aus Stoff mit Nadelstreifen: 2 x Vorderseite bis Tascheneingriffslinie; 2 x Rückseite; 2 x Hüftpasse mit Taschenbeutel(-rückseite); 2 x Taschenbeutel(-vorderseite) bis Tascheneingriffslinie

aus Stoff mit schmalen Streifen: 1 x Bund 102 cm breit, 10 cm lang; 1 x Bindeband 130 cm breit, 2 cm lang

1 Das Bindeband längs rechts auf rechts falten und die langen Kanten zusammensteppen. Die Nahtzugaben zurückschneiden und das Bändchen mit einer Wende- oder Stopfnadel wenden. Die Nahtzugabe des Bundes entlang einer langen Kante zur linken Seite bügeln. Dazu parallel verlaufend zwei Stepplinien für die Tunnel mit 1,3 cm Abstand zueinander oberhalb der eingebügelten Nahtzugabe markieren. Jeweils 5 mm neben der vorderen Mitte des Bundes auf Höhe des mittleren Tunnels ein senkrechtes Knopfloch mit 1 cm Länge einarbeiten. Die zweite lange Kante des Bundes versäubern.

2 Eine Taschenbeutelvorderseite rechts auf rechts entlang der Eingriffskante auf ein vorderes Hosenteil stecken und feststeppen. Die Nahtzugabe zurückschneiden und die Taschenbeutelvorderseite zur linken Seite falten. Entlang der Nahtlinie den Bruch stecken und bügeln. Die Eingriffskante knappkantig absteppen. Die Hüftpasse mit der Taschenbeutelrückseite entsprechend der Tascheneingriffskante unter das Vorderteil schieben, die Kanten des Beutels aufeinanderstecken und von der Seitennaht bis zur Taille zusammensteppen. Die Schnittkanten versäubern, die Tascheneingriffskante auf die Hüftpasse heften. Den zweiten Taschenbeutel genauso arbeiten.

3 Für ein Hosenbein ein vorderes Hosenteil rechts auf rechts auf eine Hosenrückseite entlang der Seitennaht stecken. Die Naht steppen, die Nahtzugaben versäubern und zusammengefasst in eine Richtung bügeln. Die inneren Beinnähte genauso steppen, versäubern und bügeln. Das zweite Hosenbein genauso arbeiten.

4 Die Hosenbeine rechts auf rechts ineinanderstecken, dabei liegen die inneren Bein- und die Seitennähte genau aufeinander. Die vordere und rückwärtige Mitte der Hosenteile aufeinanderstecken. Die Naht steppen, die Nahtzugaben an den Rundungen einschneiden und die Stoffkanten einzeln versäubern. Die Nahtzugaben auseinanderbügeln. Die Hose auf die rechte Seite wenden.

5 Den Bund mit einer Naht zum Ring schließen, die Nahtzugaben auseinanderbügeln. Den Bund von der rückwärtigen Mitte aus mit der Bundnaht über der Mittelnaht an die Taillenkante der Hose stecken. Die Naht in der eingebügelten Bruchkante der Nahtzugabe rundum steppen. Den Bund zur Innenseite klappen und entlang der Ansatznaht mit Nadeln feststecken. Den Bund von rechts knappkantig feststeppen. Die Schnittkante des Bundes versäubern. Die beiden markierten Tunnelnähte rundum steppen, dabei in der vorderen Mitte über und unter dem Knopfloch in der Naht jeweils einen Schlitz von 1 cm offen lassen.

6 Vom Gummiband zwei Stücke in der Länge der Taillenweite plus ca. 4 cm schneiden. Mit einer Sicherheitsnadel jeweils durch das Knopfloch und dann durch den darunter- bzw. darüberliegenden Schlitz in den oberen bzw. unteren Tunnel einziehen. Die Enden übereinanderlegen und zusammensteppen. In den mittleren Tunnel das Bindeband einziehen.

7 Den Saum erst 1 cm breit und dann nochmals 2 cm breit umbügeln und von rechts absteppen.

Tipp

Für eine Hose in Größe 40/42 die Schnittmuster entlang des Fadenlaufs auseinanderschneiden und mit 2 cm Abstand auf den Stoff legen.

Sonnenhut

✂ ----

SCHWIERIGKEITSGRAD:

GRÖSSE: 62 (= Kopfumfang in cm)

MATERIAL

Schnittmuster Seite 72

Baumwollstoff in Grün mit blauem Muster, 145 cm breit, 25 cm lang

Baumwollstoff in Weiß mit blauen Blümchen, 145 cm breit, 20 cm lang

Baumwollstoff in Blau mit weißen Blumen, 145 cm breit, 30 cm lang

Baumwollstoff in Hellblau, 145 cm breit, 50 cm lang

starkes Bügelvlies, einseitig haftend, 90 cm breit, 50 cm lang

farblich passendes Garn, Wende- oder Stopfnadel

SO WIRD'S GEMACHT

Zuschneiden:

(Hinweis: Alle Teile mit 1 cm Nahtzugabe zuschneiden.)

aus grünem Baumwollstoff mit Muster: 1 x Oberseite; 2 x Schrägstreifen 95 cm lang, 3 cm breit

aus weißem Baumwollstoff mit Blümchen: 2 x Seitenteil; 2 x Schrägstreifen 95 cm lang, 3 cm breit

aus blauem Baumwollstoff mit Blumen: 2 x Krempe Sonnenhut im Bruch; 2 x Schrägstreifen 95 cm lang, 3 cm breit

aus hellblauem Baumwollstoff (Futter): 1 x Oberseite; 2 x Seitenteil; 2 x Krempe Sonnenhut im Bruch; 2 x Schrägstreifen 95 cm lang, 3 cm breit

aus Bügelvlies: 1 x Oberseite; 2 x Seitenteil; 2 x Krempe Sonnenhut im Bruch

1 Das Bügelvlies jeweils auf die linke Stoffseite der gemusterten Schnittteile für den äußeren Sonnenhut aufbügeln.

2 Die Seitenteile jeweils rechts auf rechts legen und die kurzen Kanten aufeinanderstecken. Die seitlichen Nähte steppen, sodass ein Ring entsteht, die Nahtzugaben auseinanderbügeln.

3 Die obere Kante des Rings rechts auf rechts auf die Außenkante des Oberteils stecken und ringsum zusammensteppen. Die Nahtzugaben in das Seitenteil bügeln.

4 Die Schnittteile für das Futter jeweils genauso verarbeiten, dabei an einer Naht des Seitenteils einen 6 cm langen Schlitz zum Wenden offen lassen.

5 Die Krempen-Schnittteile aus dem Oberstoff rechts auf rechts legen, die geraden Kanten aufeinanderstecken und zusammensteppen. Die Nahtzugaben auseinanderbügeln. Die Krempe rechts auf rechts auf das Seitenteil stecken, dabei liegen die Nähte genau aufeinander. Die Naht rundum steppen, die Nahtzugaben senkrecht einschneiden und in das Seitenteil bügeln. Die Futterkrempe genauso nähen und mit dem Futter-Seitenteil verbinden. Den Futterhut rechts auf rechts auf den Oberstoffhut schieben, dabei liegen alle Nähte des Futters und des Oberstoffes aufeinander. Die Außenkanten der Krempen stecken und mit einem Wendeschlitz (ca. 10 cm) zusammensteppen. Die Nahtzugaben rundum zurück- und senkrecht einschneiden. Vor dem Wenden die Nahtzugaben über die Naht zum Futterhut klappen und vorbügeln. Den Hut durch den Schlitz wenden, die Kanten ausformen und bügeln. Den Wendeschlitz mit Hand- oder Maschinenstichen schließen. Den Futterhut in den Oberstoffhut stecken. Entlang der Außenkante und neben der Ansatznaht auf dem Seitenteil rundum knappkantig absteppen.

6 Alle Schrägstreifen längs rechts auf rechts falten und jeweils entlang der langen Kanten zusammensteppen. Nahtzugaben zurückschneiden. Die Streifen mit einer Wende- oder Stopfnadel wenden, nicht flach bügeln. Alle Streifen um den Hut legen, hinten locker zusammenknoten und die Enden der Streifen in gewünschter Länge unregelmäßig verknoten. Den überstehenden Stoff dicht am Knoten abschneiden.

HAPPY SUMMER!

Regenhut

SCHWIERIGKEITSGRAD:

GRÖSSE: 62 (= Kopfumfang in cm)

MATERIAL

Schnittmuster Seite 72

Wachstuch in Schwarz mit Vogelmuster, 140 cm breit, 30 cm lang

Baumwollstoff in Pink gepunktet, 140 cm breit, 30 cm lang

farblich passendes Garn

SO WIRD'S GEMACHT

Zuschneiden:

(Hinweis: Alle Teile mit 1 cm Nahtzugabe zuschneiden.)

aus Wachstuch: 1 x Oberseite, 2 x Seitenteil, 2 x Krempe Regenhut im Bruch

aus gepunktetem Baumwollstoff (Futter): 1 x Oberseite, 2 x Seitenteil, 2 x Krempe Regenhut im Bruch

1 Die Seitenteile aus Wachstuch jeweils rechts auf rechts legen und die kurzen Kanten aufeinanderstecken. Achtung, nur auf der Nahtzugabe stecken, sonst bleiben kleine Löcher sichtbar. Die seitlichen Nähte steppen, sodass ein Ring entsteht, die Nahtzugaben auseinanderbügeln.

2 Die obere Kante des Rings rechts auf rechts auf die Außenkante der Oberseite aus Wachstuch stecken und ringsum zusammensteppen. Die Nahtzugaben in das Seitenteil bügeln.

3 Die Schnittteile für das Baumwollfutter jeweils genauso verarbeiten, dabei an einer Naht des Seitenteils einen 6 cm langen Schlitz zum Wenden offen lassen.

4 Die Krempenschnittteile aus Wachstuch rechts auf rechts auf die aus Baumwollstoff legen und stecken. Entlang der Außenkante die Naht steppen. Die Nahtzugaben zurück- und an der Rundung senkrecht einschneiden. Die Krempenteile wenden, entlang der gestrichelten Markierungen links auf rechts übereinanderschieben, auf der Nahtzugabe mit Heftnähten fixieren. Die offenen Schnittkanten rechts auf rechts auf das Seitenteil stecken, die seitlichen Markierungen liegen genau über der Seitennaht.

5 Den Futterhut rechts auf rechts über den Hut aus Wachstuch schieben, auch hier liegen die Seitennähte des Seitenteils auf der seitlichen Markierung der Krempe. Die Naht steppen, die Nahtzugaben senkrecht einschneiden und in das Seitenteil bügeln. Den Hut durch den Schlitz wenden. Die offenen Kanten des Schlitzes mit Handstichen oder einer Maschinennaht aufeinandersteppen. Den Futterhut in den Wachstuchhut schieben.

Blütenschmuck

SCHWIERIGKEITSGRAD:

GRÖSSE: kann individuell angepasst werden

MATERIAL

Schnittmuster Seite 65

Material für Kette, Wickelarmband und Ohrstecker

Satinband in Schwarz, 1 cm breit, ca. 200 cm lang

13 beziehbare Knöpfe, 7 x ø 1,8 cm, 6 x ø 1,5 cm
(im Set mit Werkzeug)

Stoffreste in Schwarz, Schwarz gestreift und Rot

leichtes Bügelvlies, einseitig haftend

Rocailles in Violett und Rot

Perle in Rot, ø 7 mm, Perlnadel

Knebelverschluss in Silber (Armband)

2 Ohrstecker in Silber

Schmuckkleber, Kneifzange

farblich passendes Garn

(Hinweis: Alle Schmuckelemente basieren auf Stoffkreisen mit unterschiedlichem Durchmesser. Art und Aufwand der Gestaltung können individuell angepasst werden.)

1 Die Stoffreste auf der Rückseite mit einem leichten Bügelvlies verstärken, ausgenommen dicke Stoffe wie z. B. Cord.

2 Die Stoffkreise für die beziehbaren Knöpfe entsprechend dem Knopfdurchmesser plus ca. 1,5 cm zuschneiden (die Mehrweite ggf. anpassen, je kleiner der Knopf, desto kleiner die Mehrweite). Die Knöpfe nach Angaben des Herstellers beziehen.

3 Nach Belieben die Ränder der Knöpfe ringsum mit Rocailles besticken. Dazu immer erst in den Rand einstechen, dann drei Perlen auffädeln, wieder in den Rand einstechen. Bei einem engen Stich legt sich die zweite Perle automatisch mittig auf die erste und dritte Perle. Zum Schluss das Fadenende vernähen.

4 Für die **Ohrringe** die Ohrstecker auf die Rückseite von zwei Knöpfen kleben, zuvor die Knopfösen mit einer Kneifzange vorsichtig entfernen.

5 Die Stoffrosetten werden aus Stoffkreisen von je ø 8, 9,5 oder 13 cm hergestellt, die nahe der Außenkanten mit kleinen Stichen eingereiht werden. Je kleiner die Stichlänge, desto mehr Falten entstehen. Die Fadenenden vorsichtig anziehen, bis sich der Stoff zu einem Beutel formt, dann die Fadenenden verknoten. Den Stoff flach drücken und die Rosette etwas in Form ziehen. In der Mitte einen Knopf oder einige Perlen aufnähen und die Rosette nach Wunsch in den Falten mit Perlen besticken.

6 Für die kleinen Blüten einen Stoffkreis von ø 3,5 cm zum Halbkreis falten, entlang der Bogenkante den Halbkreis einreihen und zusammenziehen. Auf denselben Faden vier weitere auf diese Weise hergestellte Blütenblätter auffädeln, dann alle zusammenziehen und den Faden verknoten. Die Blüte mittig auf eine Rosette nähen und darauf wiederum mittig einen Knopf nähen.

7 Für das **Wickelarmband** ein Stück Satinband zuschneiden, das in der Länge dem doppelten Umfang des Handgelenks plus 6 cm entspricht. Eine Auswahl an Knöpfen auf das Satinband ziehen. Die Bandenden je 2 cm einschlagen und festnähen, zum Schluss den Knebelverschluss annähen.

8 Für die **Kette** ein ca. 140 cm langes Stück Satinband mittig falten, eine Auswahl an Knöpfen auffädeln und verzierte Rosetten fixieren. Die zentrale Rosette, unter der die Bandenden zusammenlaufen, an der Rückseite auf ganzer Länge von Hand auf das Band nähen. Die Bandenden schräg abschneiden und die Kanten mit einem Feuerzeug vorsichtig abflammen, damit sie nicht ausfransen.

Wachstuchtasche

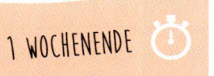

SCHWIERIGKEITSGRAD:

GRÖSSE: 52 cm x 32 cm

MATERIAL

Wachstuch in Rot mit Matroschka-Muster, 140 cm breit, 55 cm lang

Wachstuch in Grün mit Punkten, 140 cm breit, 55 cm lang

farblich passender Reißverschluss, 50 cm lang

vorgefalztes Schrägband in Grün, 3 cm breit, 250 cm lang

Gurtband in Hellgrün, 4 cm breit, 130 cm lang

Zackenlitze in Rot, 5 mm breit, 260 cm lang

2 Karabinerhaken, 6 cm lang

2 Metallringe, ø 4 cm

Längenversteller, 4 cm breit

1 Paar magnetische Druckknöpfe

farblich passendes Garn

SO WIRD'S GEMACHT

Zuschneiden:

aus Wachstuch mit Matroschka-Muster:

(jeweils inklusive 1 cm Nahtzugabe)

1 x Vorderseite, 52 cm breit, 36 cm lang

2 x aufgesetzte Tasche, 18 cm breit, 22 cm lang

1 x Taschenklappe, 52 cm breit, 30 cm lang

1 x Schultergurt, 2,5 cm breit, 130 cm lang

aus gepunktetem Wachstuch:

(jeweils inklusive 1 cm Nahtzugabe)

1 x Rückseite, 52 cm breit, 36 cm lang

1 x Seiten-/Bodenteil, 13 cm breit, 125 cm lang (Grobzuschnitt)

1 x Taschenklappe, 52 cm breit, 30 cm lang

2 x Streifen (obere Kante/aufgesetzte Tasche), 4 cm breit, 20 cm lang

4 x Streifen (seitliche Kanten/aufgesetzte Tasche), 4 cm breit, 22 cm lang

2 x Streifen (Reißverschluss), 10 cm breit, 50 cm lang

2 x Schlaufen, 5 cm breit, 8 cm lang

aus Schrägband:

1 x 130 cm lang (obere Taschenkante)

2 x 52 cm lang (lange Kanten Reißverschluss-Schnittteil)

2 x 13 cm lang (kurze Kanten Reißverschluss-Schnittteil)

1 x 52 cm lang (Taschenklappe)

WICHTIG

Wachstuch lässt sich nur bedingt bügeln. Führen Sie eine Bügelprobe mit einem Bügeltuch und niedriger Bügeltemperatur durch. Die Wachstuchnähte ansonsten mit dem Fingernagel glattstreichen.

Damit das Wachstuch beim Nähen besser transportiert wird, können Sie ein Füßchen zum Nähen von Leder einsetzen oder etwas Seidenpapier unterlegen.

1 Tasche: Die unteren Ecken der Taschenvorder- und -rückseite jeweils mithilfe eines kleinen Tellers abrunden und gleichmäßig abschneiden. Die Streifen zum Einfassen der Seiten der aufgesetzten Taschen je füßchenbreit rechts auf rechts an die langen Seiten steppen,

anschließend nach hinten umschlagen, glatt streichen und knappkantig von vorne feststeppen. Die Streifen für die oberen Taschenkanten genauso festnähen, hierbei aber jeweils an beiden Seiten 1 cm
überstehen lassen. Die überstehenden Enden des Wachstuchstreifens
nach hinten einschlagen und die beiden Taschen jeweils 5 cm von
den Seitenkanten des Vorderteils entfernt und bündig an der unteren Kante des Vorderteils festnähen. Das Seiten-/Bodenteil rechts auf
rechts an Vorder- und Rückseite der Tasche nähen, glatt streichen
und das überstehende Wachstuch anschließend bündig abschneiden. Die obere Taschenkante ringsum mit Schrägband einfassen, die
Bandenden dabei je 1 cm nach innen einschlagen. Anschließend die
obere Taschenkante 4 cm breit nach innen einschlagen und von
rechts festnähen.

2 Taschenklappe: Die beiden Schnittteile für die Taschenklappe
ebenfalls an den unteren Ecken abrunden und abschneiden. Beide
Teile rechts auf rechts aufeinandernähen, die obere Kante bleibt offen. Die Nahtzugaben auf 5 mm zurückschneiden und die Rundungen bis zur Nahtlinie einschneiden. Die Taschenklappe auf rechts
wenden, die Nahtzugaben zunächst auseinanderstreichen, dann glatt
streichen. Die offene Taschenklappenkante mit dem Schrägband einfassen, die Bandenden dabei je ca. 1 cm nach innen einschlagen.

3 Reißverschluss: Die Wachstuchstreifen für den Reißverschluss der
Länge nach links auf links falten, den Bruch mit dem Fingernagel glatt
streichen oder überbügeln. Die offenen Kanten der langen Seite mit
Schrägband einfassen. Den Reißverschluss unter die Bruchkanten der

Wachstuchstreifen legen und knappkantig festnähen. Die kurzen
Kanten ebenfalls mit Schrägband einfassen. Hierbei die Bandenden je
1 cm nach links einschlagen. Das fertige Reißverschluss-Schnittteil
ca. 15 cm breit unter die oberen Taschenkanten schieben und feststeppen. Die Taschenklappe von außen an die Rückseite der Tasche
nähen. Der Abstand zur oberen Taschenkante beträgt 3 cm.

4 Schlaufen für Karabinerhaken: Die beiden Wachstuchstreifen
an den beiden langen Seiten jeweils 1 cm nach innen falten, dann
nochmals mittig falten, glatt streichen und knappkantig übersteppen.
Die Schlaufen durch die Karabinerhaken ziehen, 1 cm tief an den Seiten in die Tasche schieben und feststeppen. Die Metallringe in die
Karabinerhaken hängen.

5 Gurtband: Den schmalen Wachstuchstreifen mittig auf das Gurtband nähen. Die offenen Schnittkanten des Wachstuches anschließend mit Zackenlitze übernähen. Das fertige Gurtband an einer Seite
durch den Metallring ziehen, die kurze Seite 1 cm nach innen einschlagen und festnähen. Das Gurtband von unten kommend über
den Mittelsteg des Längenverstellers schieben und dann durch den
zweiten Metallring ziehen. Das Ende des Bandes nochmals von unten über den Mittelsteg des Längenverstellers ziehen, die kurze Kante
1 cm nach innen einschlagen und auf dem Gurtband festnähen. An
die Innenseite der Taschenklappe und auf die Vorderseite der Tasche
die magnetischen Druckknöpfe nähen. Für den Boden eventuell einen stabilen Pappstreifen zuschneiden, mit Stoffresten bekleben und
zur Stabilisierung in die Tasche legen.

HAND MADE

Schöne Geschenkideen

✂ -

ES BRAUCHT KEINEN BESONDEREN ANLASS, UM LIEBEN MENSCHEN EINE FREUDE ZU MACHEN, UND AUCH KEINE GROSSEN PRÄSENTE, UM IHNEN EIN LÄCHELN AUFS GESICHT ZU ZAUBERN. MIT SELBSTGENÄHTEN NETTIGKEITEN, DIE DEKORATIV UND VIELLEICHT SOGAR PRAKTISCH ZUGLEICH SIND, KÖNNEN SIE ANDEREN ZEIGEN, WAS SIE IHNEN BEDEUTEN. MANCHMAL REICHEN DAFÜR SOGAR EIN PAAR KLEINE STOFFRESTE ...

♡

Deko-Vögel

SCHWIERIGKEITSGRAD:  ●●

GRÖSSE: ca. 13 cm x 10 cm

MATERIAL

Schnittmuster Seite 79

pro Vogel

Baumwollstoff gemustert, 30 cm breit, 15 cm lang

leichtes Bügelvlies, einseitig haftend, 30 cm breit, 15 cm lang

Filz- und Cordreste (Schnabel und Flügel), 15 cm breit, 10 cm lang

Rest Bügelvlies, beidseitig haftend

1 Druckknopf in Schwarz, ø 1,2 cm, plus Druckknopfzange (alternativ 1 kleiner Knopf)

farblich passende Kordel, 40 cm lang

Füllwatte

farblich passendes Garn

1 Auf der Vorderseite des Vogelkörpers den Druckknopf für das Auge anbringen. Alternativ einen kleinen Knopf annähen. Den Flügel aufstecken und entlang der Spitze an der Körper-Vorderseite festnähen.

2 Die Vorder- und Rückseite des Körpers links auf links aufeinanderlegen, den Schnabel zwischen den Stofflagen positionieren und mit Nadeln fixieren.

3 Die Kordel jeweils an den Enden verknoten, dann mittig falten und als Aufhänger und Beinpaar zwischen die Stofflagen legen. Ebenfalls mit Nadeln fixieren.

4 Die Stofflagen ringsum aufeinanderstecken und knappkantig zusammennähen, dabei eine Öffnung von 5–6 cm lassen. Den Vogel mit Füllwatte ausstopfen und die Öffnung schließen.

SO WIRD'S GEMACHT

Zuschneiden:

(Hinweis: Den Baumwollstoff vor dem Zuschneiden mit dem einseitig haftenden Bügelvlies verstärken. Auf den Filz bzw. Cord auf einer Seite zur Hälfte das beidseitig haftende Vlies aufbügeln, den Filz bzw. Cord mittig zusammenklappen und zu zwei Lagen zusammenbügeln.)

aus gemustertem Baumwollstoff: 2 x Körper (davon 1 x seitenverkehrt), inkl. 5 mm Nahtzugabe

aus Filz bzw Cord: 1 x Schnabel; 1 x Flügel

Tipp

Kleine runde Formen lassen sich gut mit einer kleinen Stichlänge an der Nähmaschine nähen.
Wer eine ganze Vogelschar nähen möchte, fertigt am besten eine Motivschablone aus Tonkarton an. Jeder weitere Vogel „schlüpft" dann schon nach 15 Minuten.

SCHNELL
GENÄHT

Lunchbag

SCHWIERIGKEITSGRAD:

GRÖSSE: ca. 23 cm x 32 cm (Lunchbag aus Wachstuch)

ca. 23 cm x 29 cm (Lunchbag aus Baumwolle)

MATERIAL

Schnittmuster Seite 73–75

Lunchbag aus Wachstuch

Wachstuch gemustert, 110 cm breit, 40 cm lang

farblich passendes Klettband, 1,5 cm breit, 20 cm lang

farblich passendes Garn

Lunchbag aus Baumwolle

Baumwollstoff gemustert, 60 cm breit, 45 cm lang

leichtes Bügelvlies, einseitig haftend, 60 cm breit, 45 cm lang

farblich passendes Klettband, 1,5 cm breit, 20 cm lang

1 große Isoliertasche für Tiefkühlkost

farblich passendes Garn

SO WIRD'S GEMACHT

Zuschneiden:

Lunchbag aus Wachstuch

aus Wachstuch: 4 x Vorder-/Rückteil innen/außen, inkl. Nahtzugaben

Lunchbag aus Baumwolle

(Hinweis: Den Baumwollstoff vor dem Zuschneiden auf der Rückseite mit Vlies verstärken. Die Isoliertasche an den Nähten aufschneiden.)

aus gemustertem Baumwollstoff: 2 x Vorder-/Rückteil außen, inkl. 5 mm Nahtzugabe

auß Isolierfolie: 2 x Vorder-/Rückteil innen, inkl. 5 mm Nahtzugabe

LUNCHBAG AUS WACHSTUCH

1 Für den Außenbeutel das Flausch- und Hakenband jeweils senkrecht und mittig auf die rechte Tuchseite eines Vorder- und eines Rückteils nähen.

2 Die Vorder- und Rückteile für den Außenbeutel und die für den Futterbeutel jeweils rechts auf rechts aufeinanderlegen. Die Bodennaht und die Seitennähte füßchenbreit zusammensteppen, die Ecken dabei aussparen. Anschließend die Nahtzugaben auseinanderbügeln. Achtung: Das Bügeleisen auf die niedrigste Stufe stellen und das Wachstuch mit einem Baumwolltuch abdecken.

3 Die offenen Ecken am Boden jeweils so auseinanderziehen, dass die Nahtzugabe der Bodennaht auf die Nahtzugabe der Seitennaht trifft. Die offenen Kanten bilden nun eine Diagonale. Die Ecknähte füßchenbreit zusammennähen.

4 Den Außenbeutel mit dem Klettband wenden (das Klettband zeigt nach außen) und in den Innenbeutel stecken. Die Seitennähte exakt aufeinanderlegen, dann die obere Kante mit ca. 1 cm Nahtzugabe ringsum zusammennähen, dabei eine Wendeöffnung von 10 cm lassen.

5 Den Beutel wenden. Die Kanten der Wendeöffnung exakt nach innen einschlagen, anschließend die obere Kante ringsum füßchenbreit absteppen.

LUNCHBAG AUS BAUMWOLLE

1 Auf das Vorderteil für den Außenbeutel das Flauschband im Abstand von 1,5 cm zur oberen Kante senkrecht und mittig auf die rechte Stoffseite nähen, das Hakenband entsprechend auf das Rückteil.

2 Vorder- und Rückteil des Außenbeutels rechts auf rechts aufeinanderlegen. Die Bodennaht und die Seitennähte jeweils füßchenbreit zusammensteppen, die Ecken dabei aussparen.

3 Die offenen Ecken am Boden jeweils so auseinanderziehen, dass die Nahtzugabe der Bodennaht auf die Nahtzugabe der Seitennaht trifft. Die offenen Kanten bilden nun eine Diagonale. Die Ecknähte füßchenbreit absteppen. Die Nahtzugaben auseinanderbügeln.

4 Den Außenbeutel wenden (die Vliesseite zeigt nach innen). Die obere Stoffkante ringsum 1,5 cm zur Vliesseite hin einschlagen und bügeln.

5 Für den Innenbeutel Vorder- und Rückteil aus Folie aufeinanderlegen. Die Bodennaht und die Seitennähte jeweils füßchenbreit zusammensteppen, die Ecken dabei aussparen. Anschließend die Nahtzugabe auseinanderbügeln. Achtung: Das Bügeleisen auf die niedrigste Stufe stellen und die Folie mit einem Baumwolltuch abdecken.

6 Jetzt die Seitennähte steppen, die Nahtzugabe auseinanderbügeln, dann auch hier die Ecken nähen.

7 Den Folienbeutel wenden und in den Außenbeutel stecken. Die obere Folienkante unter die gebügelte Stoffkante schieben, dann im Abstand von ca. 1,25 cm zur Kante ringsum beide Lagen zusammennähen.

SO SWEET!

Pflanzenstecker

2 STD.

SCHWIERIGKEITSGRAD

GRÖSSE: 15,5 cm lang (Eistüte), 12,5 cm breit (Bonbon), 10 cm hoch (Muffin)

MATERIAL

Schnittmuster Seite 75

Baumwollstoffreste in verschiedenen Farben und Mustern

Bügelvlies, beidseitig haftend, ca. 15 x 20 cm pro Stecker

extra starkes Bügelvlies, einseitig haftend, ca. 15 x 20 cm pro Stecker

farblich passende Spitzen-, Borten- und Litzenreste

farblich passendes Garn

Textilkleber

Backpapier

1 Schaschlikspieß pro Stecker

1 Die einzelnen Elemente eines Motivs je 2 x auf das beidseitig haftende Vlies pausen und grob ausschneiden. Die Vliesteile auf die Rückseite der ausgewählten Stoffe legen (je 1 x seitenverkehrt), mit Backpapier abdecken und aufbügeln. Die Teile entlang der Kontur ausschneiden.

2 Die einzelnen Teile auf der Vorderseite des entsprechenden Motivs aus extra starkem Bügelvlies anordnen und aufbügeln, ebenso die seitenverkehrten Teile auf der Rückseite. Spitze, Borte oder Zackenlitze aufstecken und knappkantig aufsteppen. Die verschiedenen Teile des Motivs entlang der Kanten knappkantig absteppen.

3 Zur Befestigung der Spieße aus dem passenden Stoff einen Kreis von ca. ø 3 cm ausschneiden. Den Spieß im unteren Bereich des Motivs aufkleben, zum Stabilisieren und Abdecken der Klebestelle den Stoffkreis darüberkleben.

SO WIRD'S GEMACHT

Zuschneiden:

aus Bügelvlies: je 1 x Eistüte, Bonbon, Muffin (Gesamtkontur)

Tipp

Die einzelnen Motive mit Vlies, aber ohne die extra starke Einlage doppelt arbeiten, an den Außenkanten zusammennähen, dabei ein Aufhängeband mitfassen. Vor dem Schließen mit etwas Watte füllen. Schon haben Sie einen originellen Anhänger.

Patchworkbild

 1/2 TAG

SCHWIERIGKEITSGRAD: ●○○

GRÖSSE: ⌀ 19 cm

MATERIAL

Schemazeichnung Seite 69

5 Baumwollstoffe in Pink, Weiß und Rosa mit unterschiedlichen Mustern, je 30 cm breit, 20 cm lang

Zackenlitze in Creme, 80 cm lang

Spitze in Rosé und Violett, je 40 cm lang

Samtband in Rosé, 1 cm breit, 120 cm lang

Blütenapplikation zum Aufbügeln

farblich passendes Garn

Stickrahmen aus Holz, ⌀ 19 cm

Textilkleber

SO WIRD'S GEMACHT

Zuschneiden:

(Hinweis: Alle Maße sind inklusive 1 cm Nahtzugabe.)

aus einem der Stoffe: 1 x Quadrat 8 cm breit, 8 cm lang

aus allen Stoffen: 8 x Streifen 6 cm breit, 30 cm lang

1 Das Stoffquadrat auf den Tisch legen, anschließend die Streifen gemäß Schema in gewünschter Muster- und Farbreihenfolge anlegen. Dann das Quadrat mit dem ersten Streifen verbinden: Die Schnittkanten rechts auf rechts legen, die Naht 1 cm breit steppen und die Nahtzugabe zu einer Seite zusammengefasst bügeln. In der Reihenfolge der vorher ausgelegten Streifen die Streifen zu einem Quadrat mit mindestens 24 cm Kantenlänge zusammennähen. Dabei immer die Nahtzugaben in eine Richtung bügeln.

2 Die rosafarbene und violette Spitze über die Ansatznähte beliebiger Streifen stecken, die Ecken in kleine Fältchen legen. Die Spitze knappkantig aufsteppen. An den Spitzen anstoßend die Zackenlitze aufstecken und mittig aufsteppen. Die Blütenapplikation in der Mitte aufbügeln.

3 Aus ca. 30 cm Samtband eine Schleife formen und mit Handstichen fixieren. Das Patchworkbild über dem inneren Ring des Stickrahmens platzieren, den äußeren Ring darüberschieben. Zunächst die Spannschraube nur leicht anziehen. Nun den Stoff im Rahmen durch vorsichtiges Ziehen ausrichten und die Spannschraube festdrehen. Die Schleife knapp oberhalb der unteren Mitte des Rahmens mit Handstichen aufnähen.

4 Den inneren Rahmen entlang der unteren Kante mit Textilkleber bestreichen und den überstehenden Stoff ringsum fest auf den Rahmen drücken. Den überstehenden Stoff rundum wegschneiden. Das restliche Samtband als Aufhängung um die Spannschraube binden.

ICH SCHENK DIR ROSEN!

Stoffrosen

SCHWIERIGKEITSGRAD: ● ○ ○

GRÖSSE: ca. 6,5 cm hoch (Rosenblüte)

1/2 TAG

MATERIAL

Schnittmuster Seite 66

Für 3 Blüten

Baumwollstoffe in verschiedenen Rosé- und Pinktönen, jeweils 140 cm breit, 25 cm lang (ergibt 6 Schnittteile/3 Blüten)

Baumwollstoffe in verschiedenen Grüntönen, jeweils 140 cm breit, 10 cm lang (ergibt 14 Schnittteile/7 Blätter) oder Reste

vorgefalztes Schrägband in Grün, 2–4 cm breit

starker Blumendraht

Textilkleber

farblich passendes Garn

SO WIRD'S GEMACHT

Zuschneiden:

(Hinweis: Alle Teile mit 5 mm Nahtzugabe zuschneiden.)

aus rosé- und pinkfarbenen Stoffen: pro Rose jeweils 2 x Rose groß im Bruch oder 2 x Rose klein im Bruch

aus grünen Stoffen: pro Blatt 2 x Blatt

1 Jeweils zwei Blatt-Schnittteile rechts auf rechts legen. Die schrägen Kanten stecken und entlang dieser Kanten eine füßchenbreite Naht steppen. Die Nahtzugabe an der Spitze schräg abschneiden. Das Blatt werden, ausformen und bügeln. Die untere Kante in Fältchen (x auf 0) legen und stecken. Mit einer kurzen Naht die Falte fixieren.

2 Die Schnittteile für die Rosenblüte rechts auf rechts legen. Alle Kanten aufeinanderstecken. Die Naht 5 mm breit steppen, dabei einen Wendeschlitz von 5 cm an der geraden unteren Kante offen lassen. Die Nahtzugaben an den Ecken schräg ab-, an der Rundung senkrecht einschneiden. Den Streifen wenden, ausformen und die Kanten bügeln.

3 Entlang der unteren geraden Kante mit Handstichen oder der Maschine eine Reihnaht (Stichlänge 4–7 mm) steppen. Den Streifen mit dem Reihfaden auf ca. 20–25 cm zusammenschieben, den Reihfaden verknoten. Den Streifen zur Rose aufwickeln und die untere Kante mit Handstichen durch alle Lagen fixieren.

4 Den Blumendraht durch die Mitte der Rose schieben, eine etwa 2 cm lange Schlaufe biegen und so weit zurückschieben, dass die Drahtschlaufe über der Blütenmitte aus Stoff liegt. Nähgarn mehrmals fest um den unteren Blütenrand wickeln und verknoten. Über dem Nähgarn rundum Textilkleber auftragen und das Schrägband darüberlegen. Den Draht mit dem Schrägband umwickeln, das Band am unteren Ende festkleben.

5 Das Blatt direkt unterhalb der Blüte am Stiel anlegen. Den Blattrand fest mit Nähgarn umwickeln und das Garn verknoten.

6 An der Rose die Ränder teilweise nach außen klappen, so entsteht der Knospencharakter.

Geldbörse

SCHWIERIGKEITSGRAD:

GRÖSSE: 17 cm x 10 cm

MATERIAL

Schnittmuster Seite 76

Leinen in Natur, 90 cm breit, 20 cm lang

Baumwollstoff in Weiß gemustert, 140 cm breit, 20 cm lang

Baumwollstoff in Braun gemustert, 140 cm breit, 20 cm lang

Baumwollstoff in Hellbraun mit Kreisen, 140 cm breit, 20 cm lang

farblich passender Reißverschluss, 15 cm lang

Gewebeeinlage, einseitig haftend, 90 cm breit, 20 cm lang

vorgefalztes Schrägband in Rot, fertige Breite 2 cm, 20 cm lang

farblich passendes Klettband, 2 cm breit, 4 cm lang; Nähgarn

SO WIRD'S GEMACHT

Zuschneiden:

(Hinweis: Alle Teile mit 1 cm Nahtzugabe zuschneiden.)

aus Leinen: 2 x Innen-/Außenseite, 1 x Hartgeldfach 1

aus weißem Baumwollstoff mit Muster: 1 x Kartenfächer, 1 x Raute

aus braunem Baumwollstoff mit Muster: 1 x Geldscheinfach im Bruch, 1 x Musterfläche 2

aus hellbraunem Baumwollstoff mit Kreisen: 1 x Hartgeldfach 2, 1 x Musterfläche 1

aus Gewebeeinlage: 2 x Innen-/Außenseite

1 Die Gewebeeinlage auf die Rückseiten der Leinenschnittteile für die Innen- und Außenseite aufbügeln. Das Geldscheinfach entlang des Stoffbruchs links auf links falten und bügeln. Das Hakenband auf der markierten Stelle des Geldscheinfaches aufsteppen.

2 Über eine Längskante der Kartenfächer das Schrägband schieben und knappkantig feststeppen. Die Kartenfächer bündig auf das Geldscheinfach legen und feststecken. Entlang der Stepplinie eine Unterteilungsnaht steppen. Die rechte Schnittkante des Geldschein- und des Kartenfaches rechts auf rechts auf die Ansatzlinie auf der Leineninnenseite feststecken. Die Naht steppen und die beiden Fächer über die Naht zur linken Kante klappen, sodass die linken und unteren Stoffkanten bündig auf dem Leinenschnittteil liegen. Die rechte Kante bügeln und knappkantig absteppen, die übrigen Kanten feststecken.

3 Je eine Längskante der Schnittteile Hartgeldfach 1 und 2 versäubern und 1 cm breit zur linken Seite bügeln. Die umgebügelten Kanten zu beiden Seiten der Reißverschlusszähnchen feststecken. Mit dem Reißverschlussfüßchen knappkantig aufsteppen. Die zweite Längskante des Schnittteils Hartgeldfach 1 rechts auf rechts auf die Ansatzlinie des Leinenschnittteils stecken. Die Naht steppen. Hartgeldfach 1 und 2 zur rechten Seite über die Ansatznaht falten und bügeln, die übrigen Schnittkanten schließen mit dem Leinen ab. Hartgeldfach 2 knappkantig neben der Ansatznaht absteppen.

4 Die Nahtzugaben der Raute und der beiden Musterflächen auf die linke Seite falten und bügeln. Die Musterflächen und die Raute auf das Leinenschnittteil für die Außenseite stecken und knappkantig aufsteppen. Das Flauschband entsprechend der Markierung auf der Musterfläche 1 feststeppen.

5 Die Innen- und Außenseite der Geldbörse rechts auf rechts stecken, dabei darauf achten, dass das Hartgeldfach auf der Musterfläche 1 liegt. Die Lagen von einer Längskante her rundum 1 cm breit zusammensteppen, dabei einen Wendeschlitz von ca. 5 cm offen lassen. Die Nahtzugaben zurück- und an den Ecken schräg abschneiden. Die Kanten bügeln und die Börse wenden. Die Kanten ausformen und erneut bügeln, dabei die Nahtzugaben am Schlitz zur Innenseite falten. Die Geldbörse rundum knappkantig absteppen, dabei den Schlitz schließen. Die Geldbörse zusammenklappen und die Faltkanten einbügeln.

Wärmflaschenhülle

SCHWIERIGKEITSGRAD:

GRÖSSE: 22 cm × 26 cm

MATERIAL

Schnittmuster Seite 65

Baumwollstoff in Rot mit Schottenkaro,
145 cm breit, 40 cm lang

Baumwollstoff in Rot mit Hundemuster,
145 cm breit, 40 cm lang

Baumwollstoff in Rot mit Blumenmuster,
145 cm breit, 20 cm lang

Volumenvlies zum Aufbügeln, 90 cm breit,
40 cm lang

farb ich passendes Garn

SO WIRD'S GEMACHT

Zuschneiden:

(Hinweis: Alle Teile mit 1 cm Nahtzugabe zuschneiden.)

aus kariertem Baumwollstoff: 2 x Wärmflasche Unterteil im Bruch;
2 x Herztasche im Bruch; 1 x Schrägband 36 cm lang, 2 cm breit

aus geblümtem Baumwollstoff: 2 x Wärmflasche Unterteil bis
Anstoßlinie im Bruch

aus Baumwollstoff mit Hundemuster: 4 x Wärmflasche Oberteil
im Bruch

aus Volumenvlies: 2 x Wärmflasche Oberteil im Bruch; 1 x Wärmflasche Unterteil im Bruch; 1 x Wärmflasche Unterteil bis Anstoßlinie
im Bruch

1 Volumenvlies jeweils auf die linke Stoffseite der vier Schnittteile für
die Außenseite der Hülle bügeln.

2 Vorderseite: Jeweils ein Wärmflaschenoberteil/Hundemuster
rechts auf rechts auf ein Wärmflaschenunterteil/Blumenmuster
stecken. Die Naht steppen, die Nahtzugaben auseinanderbügeln.
Die Herzschnittteile rechts auf rechts stecken und mit einem
Wendeschlitz rundum zusammensteppen. Die Nahtzugaben zurück-,
an den Rundungen senkrecht ein- und an den Ecken abschneiden.
Das Herz wenden, die Kontur ausformen und bügeln. Als Tasche
knappkantig auf die Außenseite der Wärmflaschenhülle steppen. Die
Außenseite links auf links auf das Futter der Vorderseite stecken.

3 Rückseite mit Verschluss: Die karierten Unterteile rechts auf rechts
legen und stecken. Die gerade Kante steppen und das Unterteil wenden. Die Kante bügeln und knappkantig absteppen. Zwei Oberteile
an der geraden Kante aneinandernähen, wenden und knappkantig
absteppen. Das Oberteil bis zur Anstoßlinie des Unterteils links auf
rechts legen, beide Teile aufeinanderstecken und evtl. heften.

4 Vorder- und Rückseite der Hülle inklusive der Futterteile rechts
auf rechts legen und entlang der seitlichen und unteren Kanten aufeinanderstecken. Die Naht 1 cm breit steppen. Die Nahtzugaben
zurückschneiden, an den Rundungen senkrecht einschneiden. Die
Nahtzugaben zusammengefasst versäubern und die Hülle wenden.

5 Die Längskanten des Schrägbands in Nahtzugabenbreite auf die
linke Seite bügeln, die Bruchkanten links auf links falten und erneut
bügeln. Das Schrägband aufgefaltet rechts auf rechts auf die obere
Kante der Hülle stecken, dabei den Bandanfang 1 cm breit zur linken
Seite falten, das Bandende überlappen lassen. Das Schrägband
rundum feststeppen, mit eingefalteter Nahtzugabe um die Kante zur
Innenseite klappen und an der Nahtlinie anstoßend feststecken. Von
rechts knappkantig feststeppen, dabei die inneren Kanten mitfassen.

Flower-Power-Bus

SCHWIERIGKEITSGRAD:

GRÖSSE: ca. 42 cm x 31 cm

MATERIAL

Schnittmuster Seite 78/79

Baumwollstoff in Weiß, 140 cm breit, 55 cm lang

Baumwollstoff in Moosgrün, 140 cm breit,
20 cm lang

Baumwollstoff in Grau gepunktet, 140 cm breit,
15 cm lang

Reste von Baumwollstoffen in Gelb, Hellblau,
Schwarz, Orange, Pink und gemustert, jeweils
ca. 20 cm x 20 cm

Bügelvlies, beidseitig haftend, 50 cm breit,
100 cm lang

Pomponborte in Türkis, 20 cm lang

2 Beutel Füllwatte à 400 g

farblich passendes Garn

SO WIRD'S GEMACHT

Zuschneiden:

(Hinweise: Alle Teile mit 1 cm Nahtzugabe zuschneiden. Alle Teile
mit Bügelvlies [unten]: Die Schnittmuster erst auf Vlies übertragen,
grob ausschneiden, auf die Rückseite der Stoffe [mit Backpapier ab-
gedeckt] aufbügeln, dann entlang der Konturen ausschneiden.)

aus weißem Baumwollstoff: 2 x Seite (davon 1 x seitenverkehrt),
1 x Oberseite/Vorderseite, 1 x Unterseite/Rückseite 19 cm breit,
69 cm lang, 2 x Scheinwerfer ø 3,5 cm

aus moosgrünem Stoff und Vlies: 2 x Seite unten, 1 x Unterteil vorn
(c bis Stoßstange), 1 x Unterteil hinten (Stoßstange Kante dd bis
Begrenzung Rückseite)

aus grauem Stoff mit Punkten und Vlies (ohne Nahtzugaben):
2 x alle Fenster, 2 x Stoßstange

aus Stoffresten und Vlies (ohne Nahtzugaben): Sonne, Peace-
Zeichen, Blumen, 4 x Reifen, 4 x Felge, 2 x Wolke

1 Die vorbereiteten Applikationen entsprechend der Schnittmuster
auf die weißen Schnittteile aufbügeln. Die Fenster, den unteren grünen Bereich, die Stoßstangen vorne und hinten, die Sonne, Wolken
und die Reifen mit Felgen entlang der Konturen mit Gerad- oder
Zickzackstich zusätzlich aufsteppen. Vorn entlang der unteren Kante
der Windschutzscheibe die Pomponborte aufsteppen.

2 Auf dem weißen Schnittteil der Unter- und Rückseite an beiden
Längskanten Markierungen aufzeichnen: e bei 5 cm, f bei 15 cm,
g bei 32 cm, h bei 42 cm, i bei 47 cm, a bei 21 cm.

3 Die vordere untere Kante (dd) der Oberseite/Vorderseite rechts
auf rechts auf die vordere Kante der Unterseite/Rückseite (unterhalb
der Stoßstange, dd) stecken. Die Verbindungsnaht steppen. Ebenso
die Verbindungsnaht zwischen den beiden übrigen kurzen Seiten bei
a, dabei an der hinteren oberen Kante einen 10 cm langen Schlitz
offen lassen.

4 Ein Seitenteil rechts auf rechts von der hinteren oberen Ecke a aus
auf die Ober-/Vorderseite stecken, im weiteren Verlauf auf die Un-
ter-/Rückseite, dabei die Ansatzmarkierungen beachten. Die Naht
steppen. Das zweite Seitenteil gegengleich einsetzen.

5 Sollen noch mehr Blumen und Verzierungen aufgebügelt werden,
ein Ärmelbrett durch den Schlitz schieben und dann die Motive aufbügeln. Die Kanten und Nähte des Busses bügeln.

6 Den Bus fest mit Füllwatte ausstopfen. Den Schlitz mit Handstichen schließen.

Warme Hausstiefel

SCHWIERIGKEITSGRAD:

GRÖSSE: 36, 38 und 40

MATERIAL

Schnittmuster Seite 77

Baumwollstoff in Pink-Weiß gemustert,
140 cm breit, 30 cm lang

Plüsch in Wollweiß, 140 cm breit, 30 cm lang

Baumwollstoff in Weinrot gepunktet, 140 cm breit,
35 cm lang

Baumwollstoffrest in Rosé, ca. 5 cm breit, 10 cm lang

Volumenvlies zum Aufbügeln, 90 cm breit, 30 cm lang

starkes Bügelvlies, einseitig haftend, 90 cm breit,
30 cm lang

2 beziehbare Knöpfe, ø 2 cm (im Set mit Werkzeug)

farblich passendes Garn

SO WIRD'S GEMACHT

Zuschneiden:

(Hinweis: Alle Teile mit 1 cm Nahtzugabe zuschneiden.)

aus gemustertem Baumwollstoff: 2 x Schaftrückseite/Ferse;
2 x Oberseite; 2 x Schaftvorderseite

aus Plüsch: 2 x Sohle (davon 1 x seitenverkehrt); 2 x Schaftrückseite/
Ferse; 2 x Schaftvorderseite; 2 x Oberseite

aus gepunktetem Baumwollstoff: 2 x Sohle (davon 1 x seitenverkehrt); 2 x Zierband 46 cm lang, 4 cm breit

Bügelvlies: 2 x Sohle (davon 1 x seitenverkehrt)

Volumenvlies: 2 x Sohle (davon 1 x seitenverkehrt); 2 x Schaftrück-
seite/Ferse; 2 x Schaftvorderseite; 2 x Oberseite

1 Volumenvlies auf die linken Stoffseiten der Schnittteile, bei den Sohlen auf die Schnittteile aus Plüsch bügeln. Das Bügelvlies auf die linke Seite der Sohlen aus Stoff bügeln.

2 Die Oberseite entsprechend der Ansatzmarkierungen rechts auf rechts an die Schaftvorderseite stecken. Die Naht steppen und die Nahtzugaben auseinanderbügeln.

3 Die senkrechten Kanten der Schaftrückseite entsprechend der Ansatzmarkierungen rechts auf rechts an die senkrechten Kanten der Schaftvorderseite und der Oberseite stecken. Die Nähte steppen, dabei auf der Seite des Untertritts nur bis zur Quermarkierung unterhalb des Riegels nähen. Die Nahtzugaben auseinanderbügeln.

4 Die Schnittteile aus dem gemusterten Stoff rechts auf rechts auf die Sohle stecken. Dabei darauf achten, dass der Untertritt auf der äußeren Fußseite liegt. Die Naht rundum steppen. Die Nahtzugaben in den gemusterten Stoff bügeln.

5 Die Schnittteile aus Plüsch für das Futter wie den Außenschuh (Schritte 2–4) zusammennähen, dabei an der äußeren senkrechten Schaftnaht einen ca. 8 cm langen Wendeschlitz offen lassen.

6 Den Außenschuh rechts auf rechts in den Futterschuh schieben. Die oberen Schaftkanten vom Untertritt aus rundum aufeinandersteppen. Den Schuh auf rechts durch den Wendeschlitz wenden. Den Untertritt mit Nadeln unter dem Übertritt feststecken. Den Riegel mehrfach quer steppen. Den zweiten Schuh genauso nähen.

7 Die Nahtzugaben der Bänder 1 cm breit auf die linke Stoffseite falten und bügeln. Anschließend die Bruchkanten längs links auf links falten und erneut bügeln. Die Kanten knappkantig absteppen. Die Bänder in Knöchelhöhe um den Schuh legen, die Enden an der Schaftnaht außen überkreuzen und mit Handstichen fixieren.

8 Für die Knöpfe zwei Stoffkreise von ø 3,5 cm ausschneiden und die Knöpfe nach Angaben des Herstellers beziehen. Je einen Knopf auf das Kreuz der Bänder nähen.

Schnittmuster

✂ -

Wichtig: Ein Teil der Schnittmuster auf den nachfolgenden Seiten ist verkleinert abgebildet. Bitte vergrößern Sie diese Schnittmuster mit dem Kopiergerät auf den jeweils angegebenen Prozentwert.

TÜRSTOPPER IGEL, S. 20/21
auf 200% vergrößern

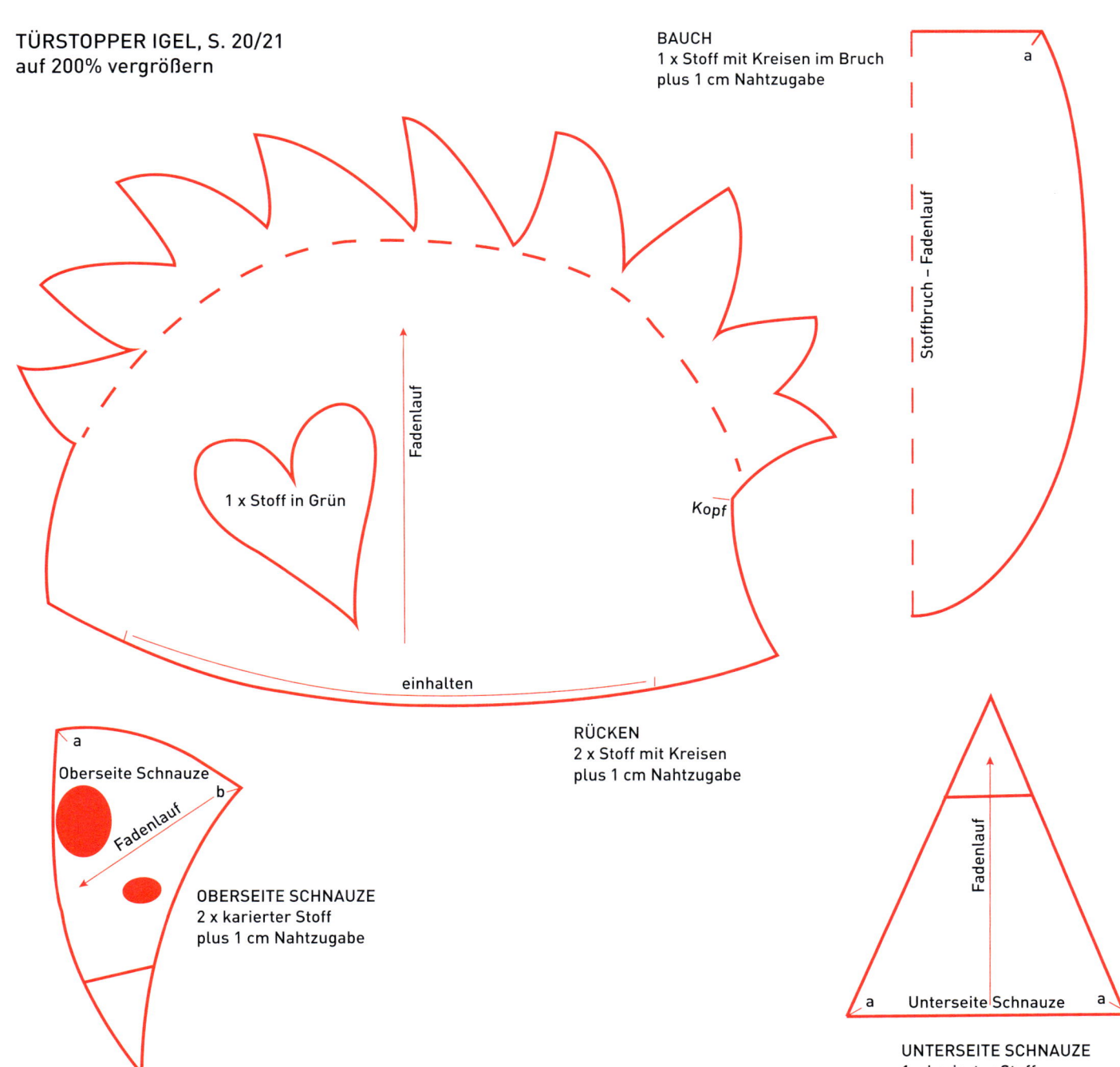

BAUCH
1 x Stoff mit Kreisen im Bruch
plus 1 cm Nahtzugabe

Stoffbruch – Fadenlauf

a

1 x Stoff in Grün

Fadenlauf

Kopf

einhalten

RÜCKEN
2 x Stoff mit Kreisen
plus 1 cm Nahtzugabe

a

Oberseite Schnauze

b

Fadenlauf

OBERSEITE SCHNAUZE
2 x karierter Stoff
plus 1 cm Nahtzugabe

Fadenlauf

a   Unterseite Schnauze   a

UNTERSEITE SCHNAUZE
1 x karierter Stoff
plus 1 cm Nahtzugabe

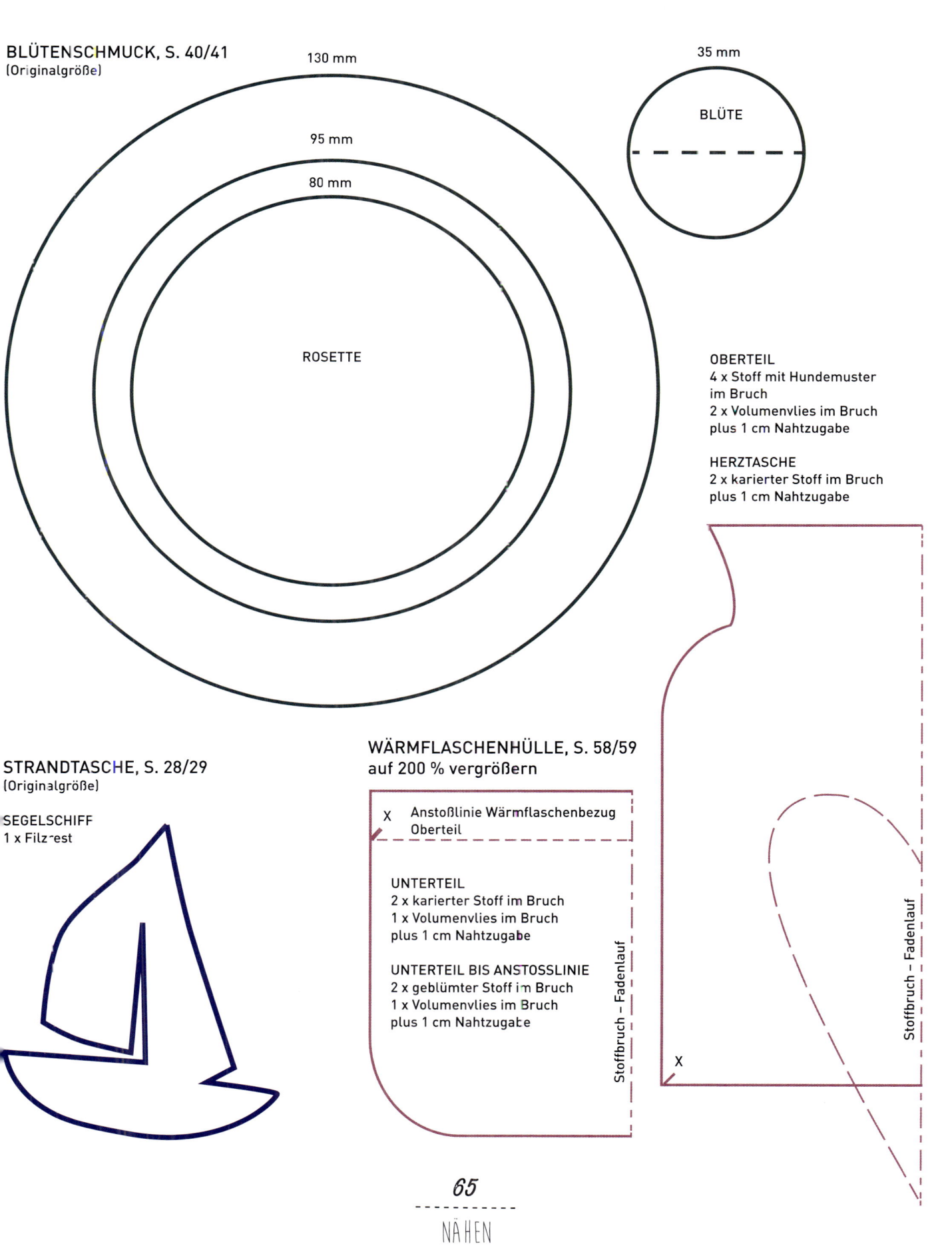

BLÜTENSCHMUCK, S. 40/41
(Originalgröße)

130 mm

95 mm

80 mm

ROSETTE

35 mm

BLÜTE

OBERTEIL
4 x Stoff mit Hundemuster
im Bruch
2 x Volumenvlies im Bruch
plus 1 cm Nahtzugabe

HERZTASCHE
2 x karierter Stoff im Bruch
plus 1 cm Nahtzugabe

WÄRMFLASCHENHÜLLE, S. 58/59
auf 200 % vergrößern

X Anstoßlinie Wärmflaschenbezug
Oberteil

UNTERTEIL
2 x karierter Stoff im Bruch
1 x Volumenvlies im Bruch
plus 1 cm Nahtzugabe

UNTERTEIL BIS ANSTOSSLINIE
2 x geblümter Stoff im Bruch
1 x Volumenvlies im Bruch
plus 1 cm Nahtzugabe

Stoffbruch – Fadenlauf

X

Stoffbruch – Fadenlauf

STRANDTASCHE, S. 28/29
(Originalgröße)

SEGELSCHIFF
1 x Filzrest

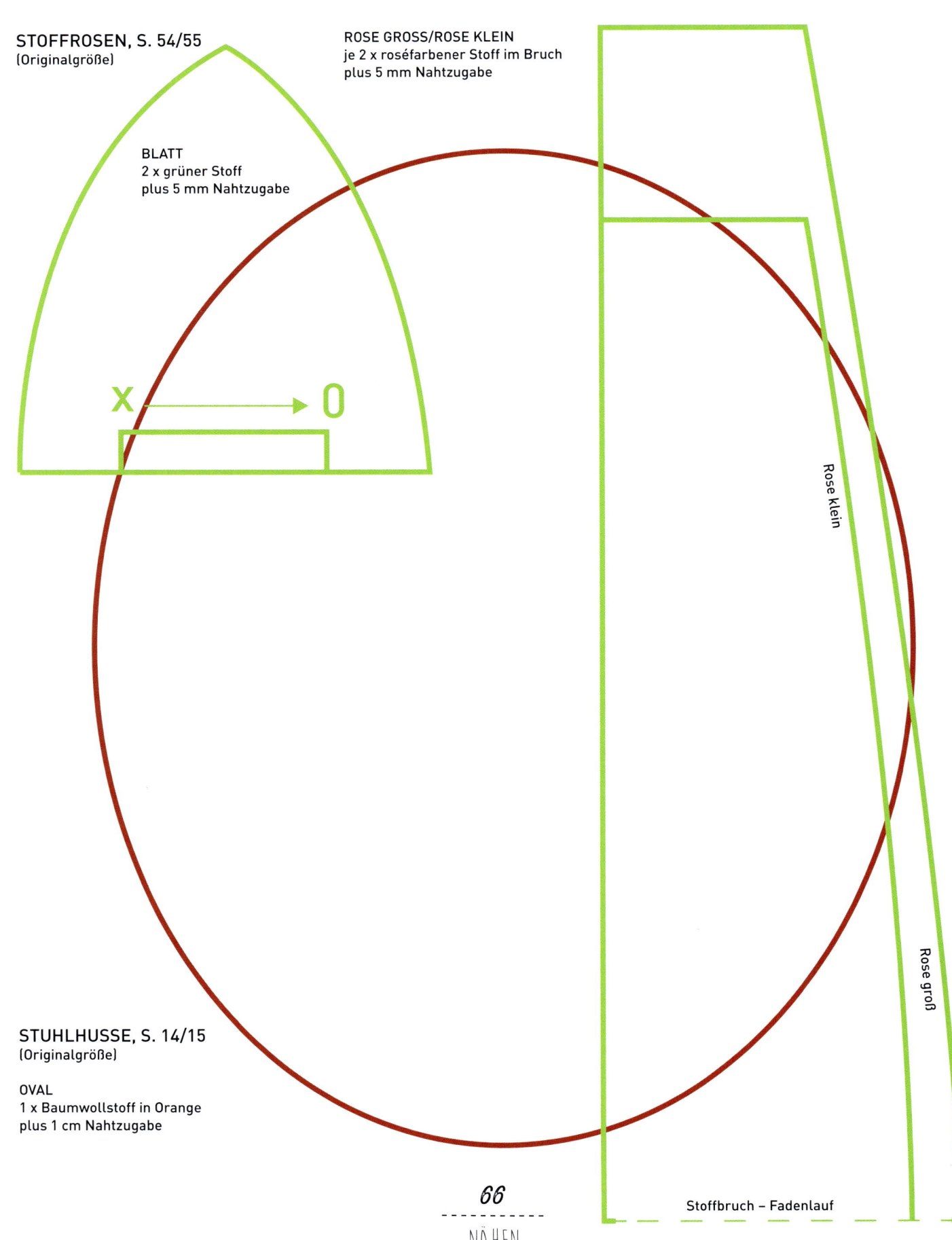

STOFFROSEN, S. 54/55
(Originalgröße)

BLATT
2 x grüner Stoff
plus 5 mm Nahtzugabe

X   ⟶   O

ROSE GROSS/ROSE KLEIN
je 2 x roséfarbener Stoff im Bruch
plus 5 mm Nahtzugabe

Rose klein

Rose groß

STUHLHUSSE, S. 14/15
(Originalgröße)

OVAL
1 x Baumwollstoff in Orange
plus 1 cm Nahtzugabe

Stoffbruch – Fadenlauf

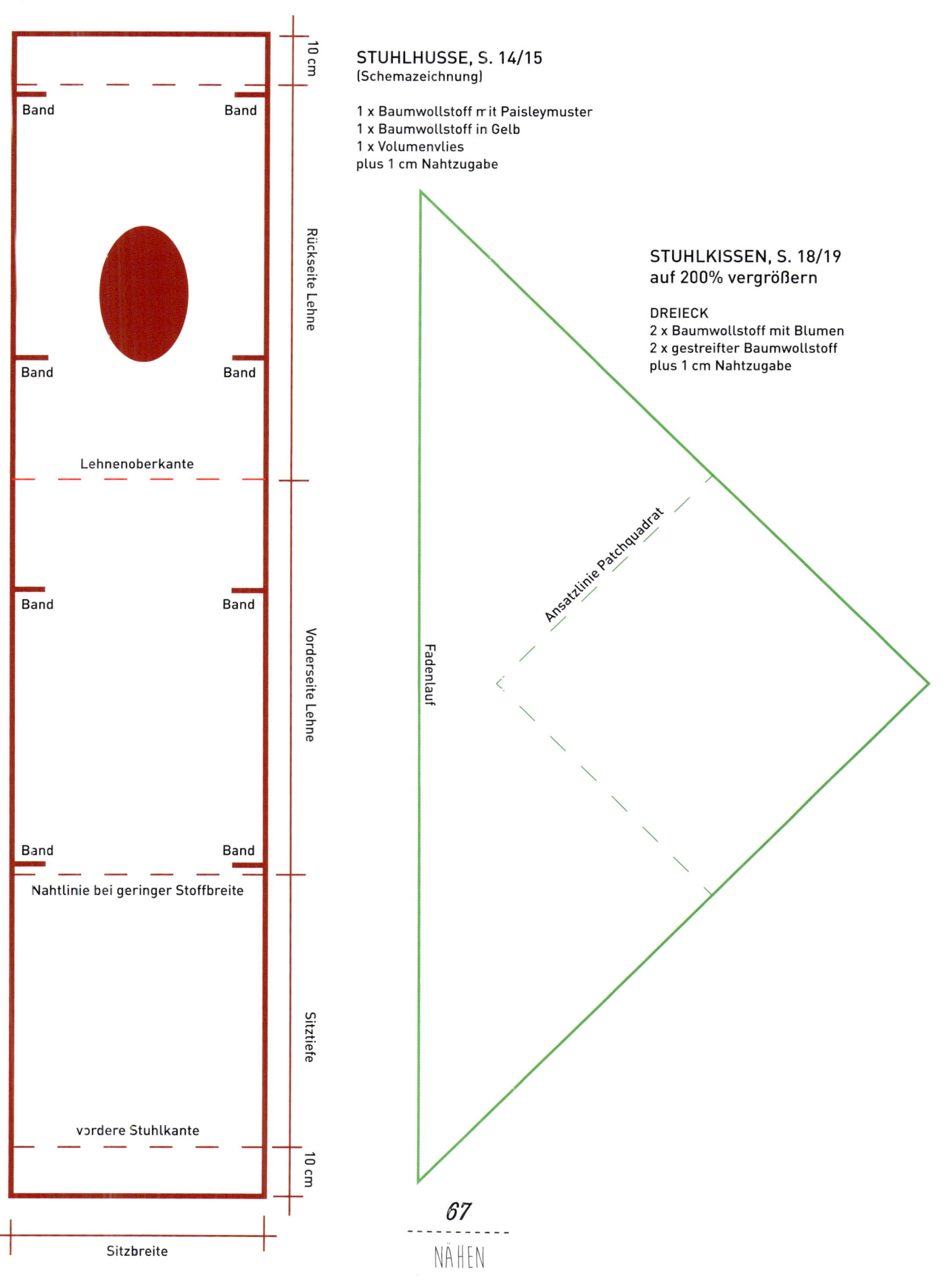

STUHLHUSSE, S. 14/15
(Schemazeichnung)

1 x Baumwollstoff mit Paisleymuster
1 x Baumwollstoff in Gelb
1 x Volumenvlies
plus 1 cm Nahtzugabe

STUHLKISSEN, S. 18/19
auf 200% vergrößern

DREIECK
2 x Baumwollstoff mit Blumen
2 x gestreifter Baumwollstoff
plus 1 cm Nahtzugabe

10 cm

Band   Band

Band   Band

Rückseite Lehne

Lehnenoberkante

Band   Band

Vorderseite Lehne

Band   Band

Nahtlinie bei geringer Stoffbreite

Sitztiefe

vordere Stuhlkante

10 cm

Sitzbreite

Fadenlauf

Ansatzlinie Patchquadrat

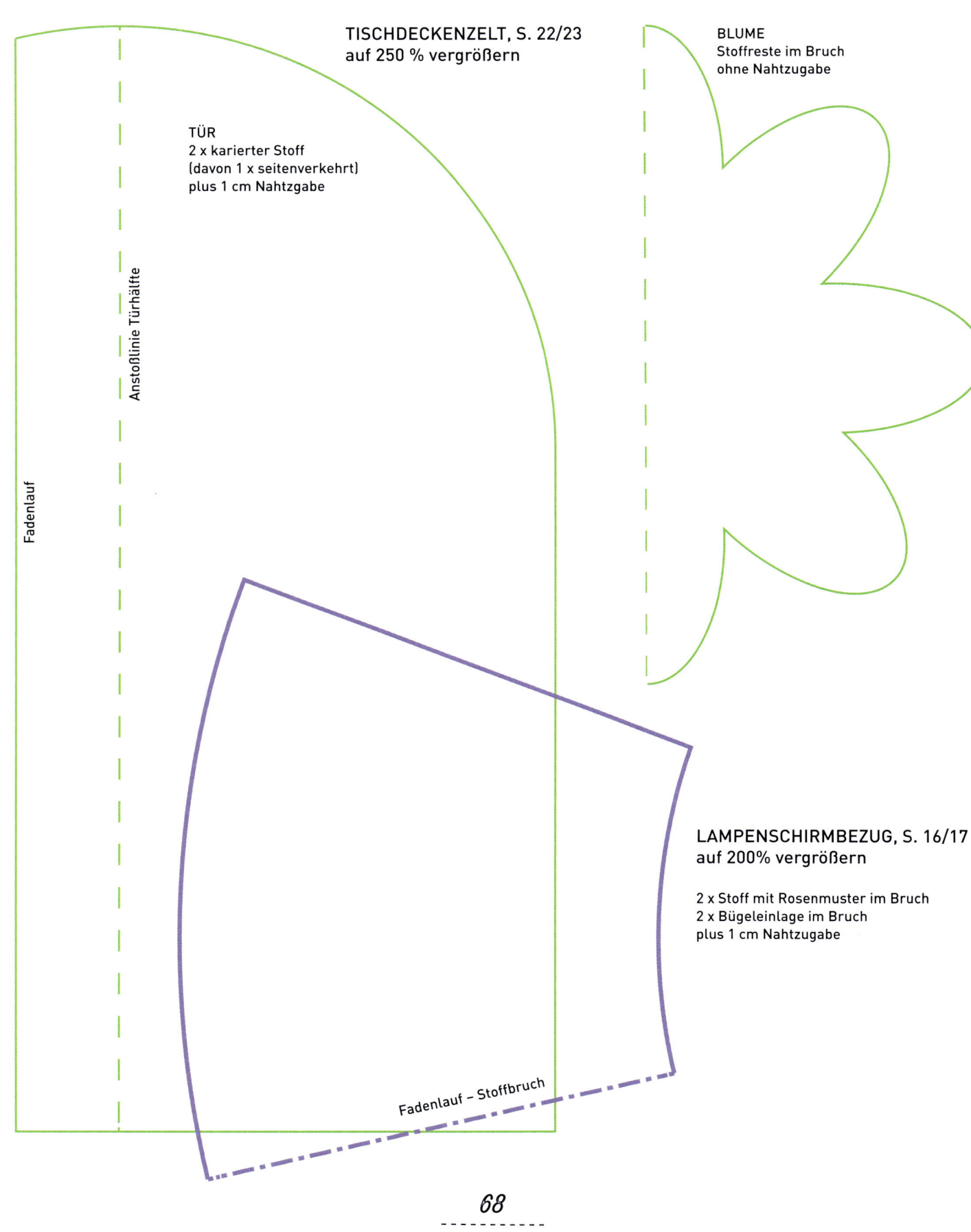

TISCHDECKENZELT, S. 22/23
auf 250 % vergrößern

TÜR
2 x karierter Stoff
(davon 1 x seitenverkehrt)
plus 1 cm Nahtzgabe

BLUME
Stoffreste im Bruch
ohne Nahtzugabe

Fadenlauf

Anstoßlinie Türhälfte

LAMPENSCHIRMBEZUG, S. 16/17
auf 200% vergrößern

2 x Stoff mit Rosenmuster im Bruch
2 x Bügeleinlage im Bruch
plus 1 cm Nahtzugabe

Fadenlauf – Stoffbruch

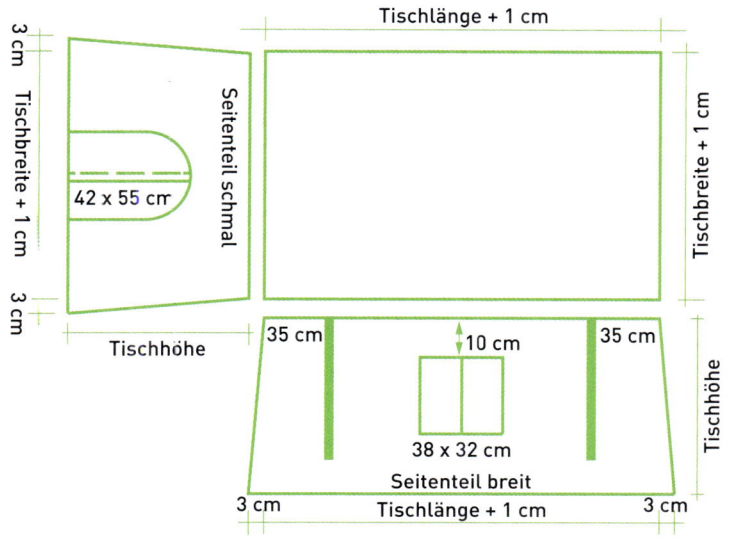

TISCHDECKENZELT, S. 22/23
(Schemazeichnung)

OBERSEITE
1 x grüner Stoff
plus 1 cm Nahtzugabe

SEITENTEIL SCHMAL
2 x grüner Stoff
plus 1 cm Nahtzugabe

SEITENTEIL BREIT
2 x grüner Stoff
plus 1 cm Nahtzugabe

PATCHWORKBILD, S. 52/53
(Schemazeichnung)

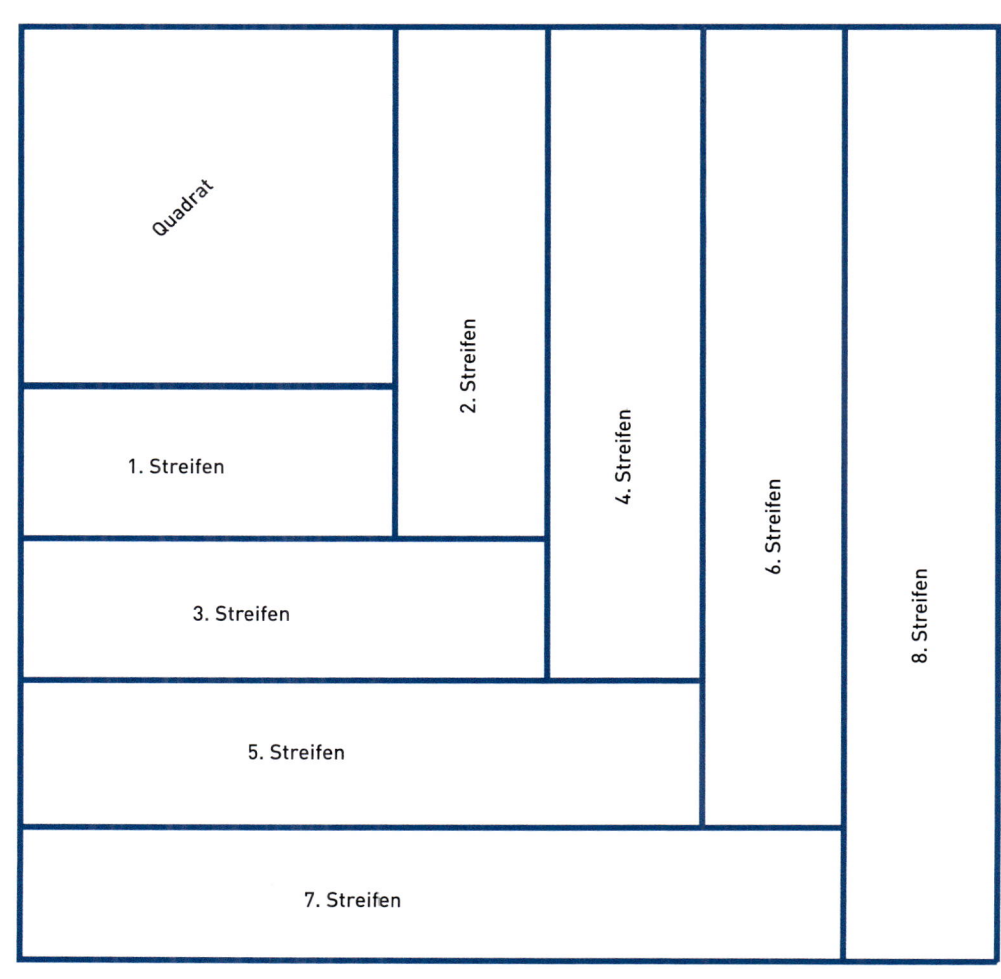

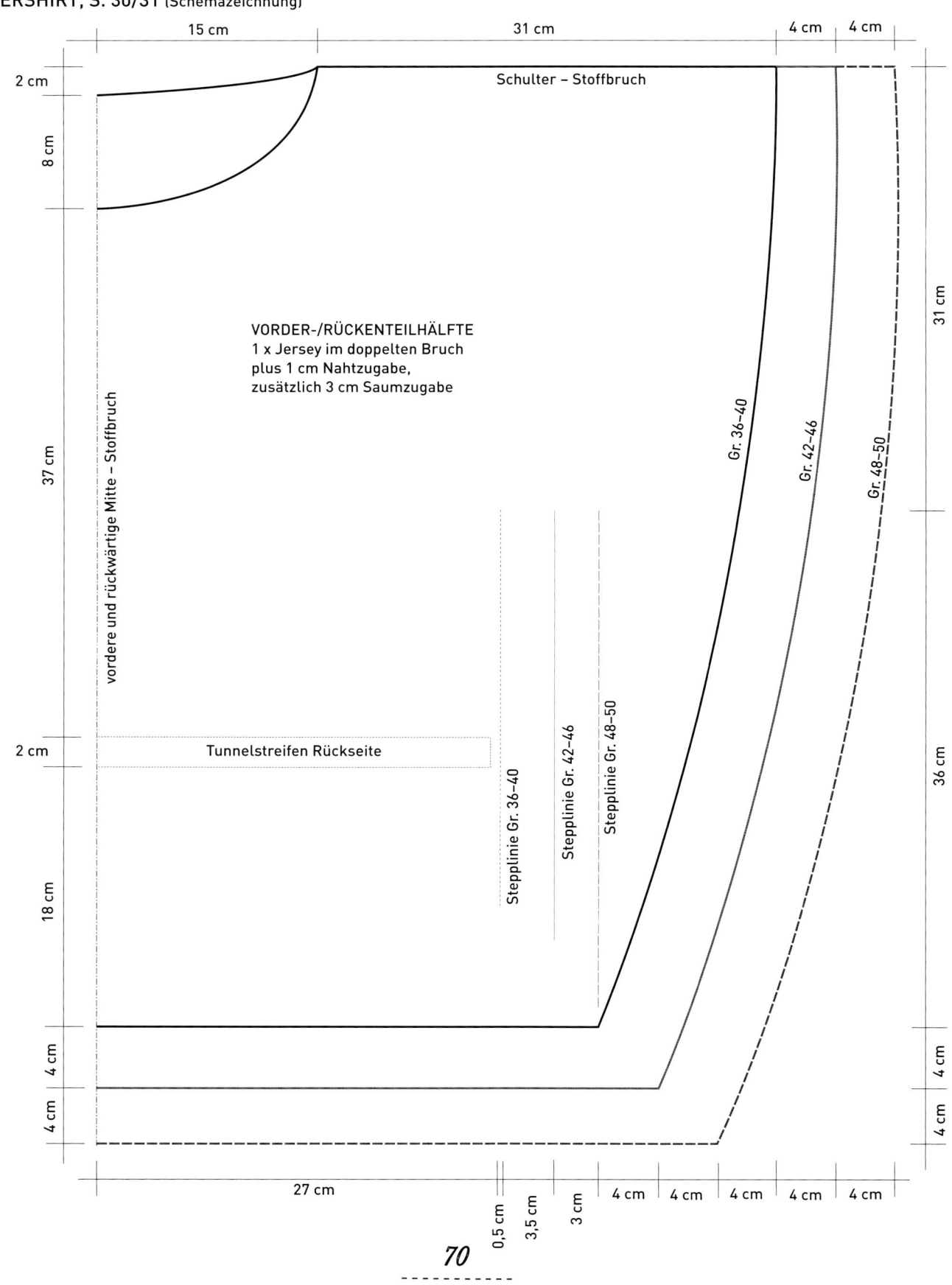

15 cm · 31 cm · 4 cm · 4 cm

2 cm

8 cm

Schulter – Stoffbruch

VORDER-/RÜCKENTEILHÄLFTE
1 x Jersey im doppelten Bruch
plus 1 cm Nahtzugabe,
zusätzlich 3 cm Saumzugabe

vordere und rückwärtige Mitte – Stoffbruch

37 cm

31 cm

Gr. 36–40

Gr. 42–46

Gr. 48–50

2 cm

Tunnelstreifen Rückseite

Stepplinie Gr. 36–40

Stepplinie Gr. 42–46

Stepplinie Gr. 48–50

18 cm

36 cm

4 cm

4 cm

4 cm

4 cm

27 cm

0,5 cm · 3,5 cm · 3 cm · 4 cm · 4 cm · 4 cm · 4 cm · 4 cm

NÄHEN

MARLENE-HOSE, S. 34/35
(Schemazeichnung)

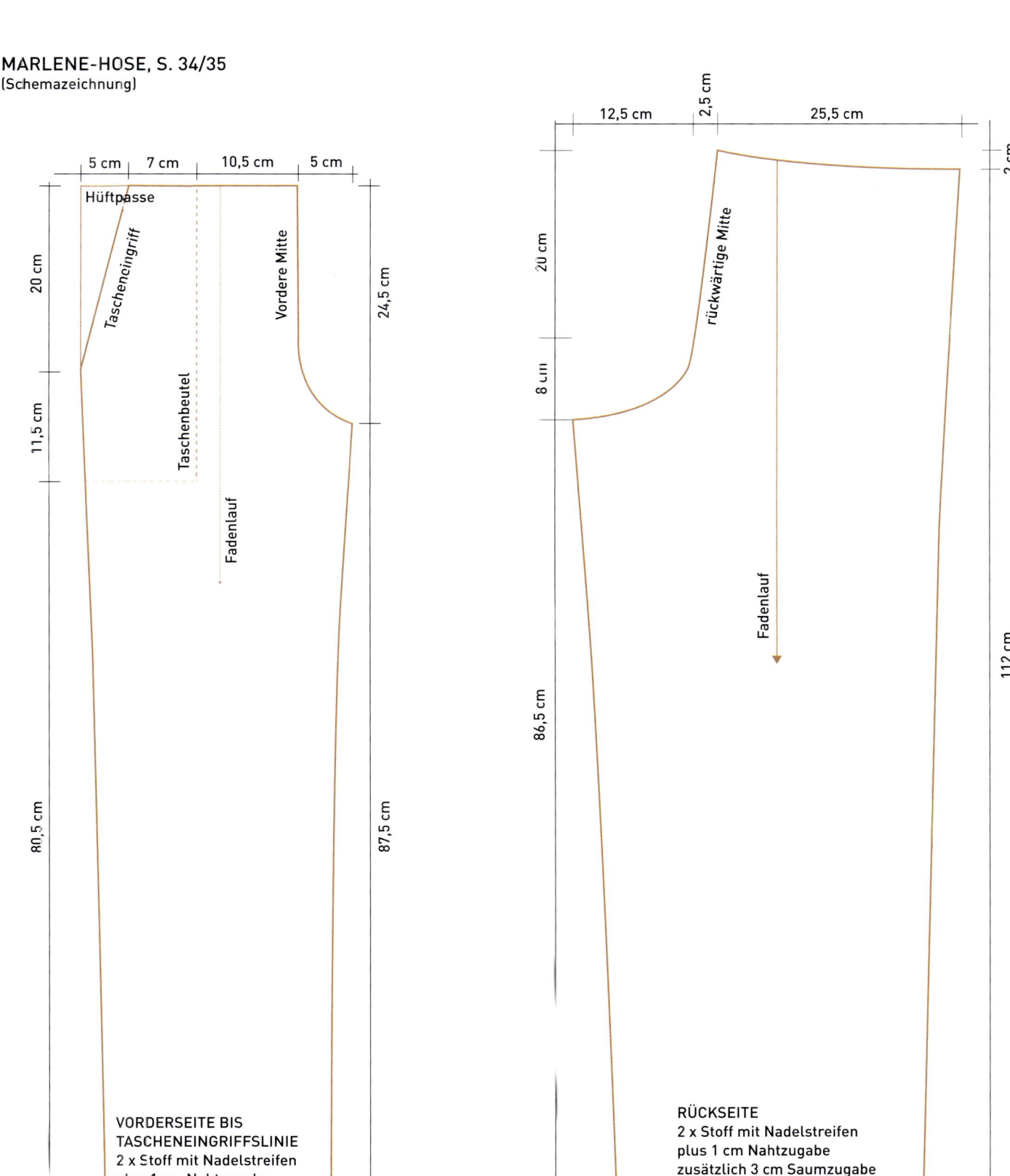

VORDERSEITE BIS TASCHENEINGRIFFSLINIE
2 x Stoff mit Nadelstreifen
plus 1 cm Nahtzugabe
zusätzlich 3 cm Saumzugabe

Hüftpasse

Tascheneingriff

Taschenbeutel

Vordere Mitte

Fadenlauf

5 cm   7 cm   10,5 cm   5 cm

20 cm

11,5 cm

80,5 cm

24,5 cm

87,5 cm

2 cm   24 cm   2,5 cm

RÜCKSEITE
2 x Stoff mit Nadelstreifen
plus 1 cm Nahtzugabe
zusätzlich 3 cm Saumzugabe

rückwärtige Mitte

Fadenlauf

12,5 cm   2,5 cm   25,5 cm

2 cm

20 cm

8 cm

86,5 cm

112 cm

4,5 cm   32 cm   4 cm

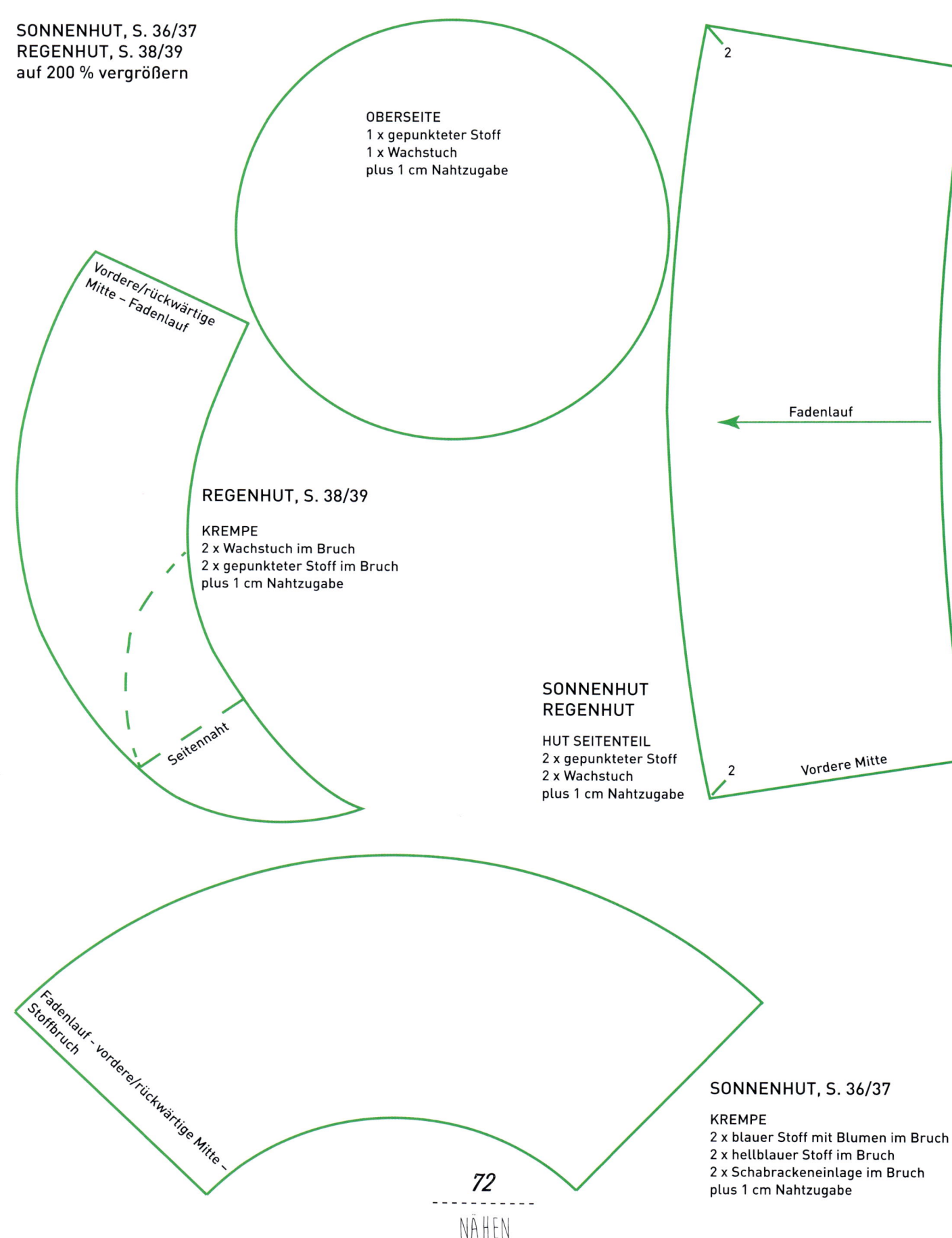

SONNENHUT, S. 36/37
REGENHUT, S. 38/39
auf 200 % vergrößern

OBERSEITE
1 x gepunkteter Stoff
1 x Wachstuch
plus 1 cm Nahtzugabe

Vordere/rückwärtige
Mitte – Fadenlauf

2

Fadenlauf

REGENHUT, S. 38/39

KREMPE
2 x Wachstuch im Bruch
2 x gepunkteter Stoff im Bruch
plus 1 cm Nahtzugabe

Seitennaht

SONNENHUT
REGENHUT

HUT SEITENTEIL
2 x gepunkteter Stoff
2 x Wachstuch
plus 1 cm Nahtzugabe

2

Vordere Mitte

Fadenlauf - vordere/rückwärtige Mitte –
Stoffbruch

SONNENHUT, S. 36/37

KREMPE
2 x blauer Stoff mit Blumen im Bruch
2 x hellblauer Stoff im Bruch
2 x Schabrackeneinlage im Bruch
plus 1 cm Nahtzugabe

LUNCHBAG, S. 48/49
auf 200 % vergrößern

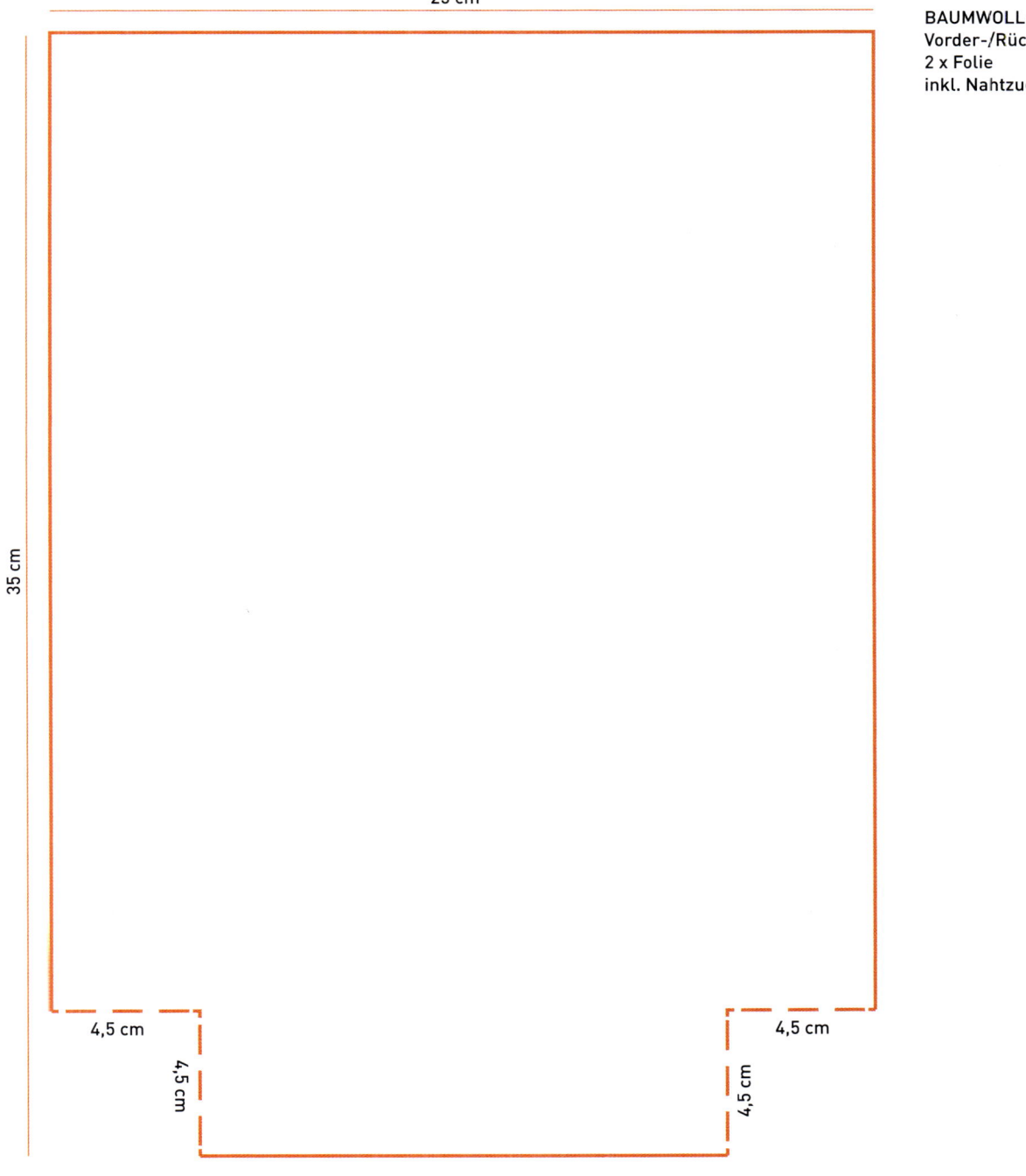

25 cm

35 cm

BAUMWOLL-LUNCHBAG
Vorder-/Rückteil innen
2 x Folie
inkl. Nahtzugabe

4,5 cm

4,5 cm

4,5 cm

4,5 cm

LUNCHBAG, S. 48/49
auf 200 % vergrößern

25 cm

1,5 cm

37 cm

BAUMWOLL-LUNCHBAG
Vorder-/Rückteil außen
2 x Baumwollstoff
inkl. Nahtzugabe

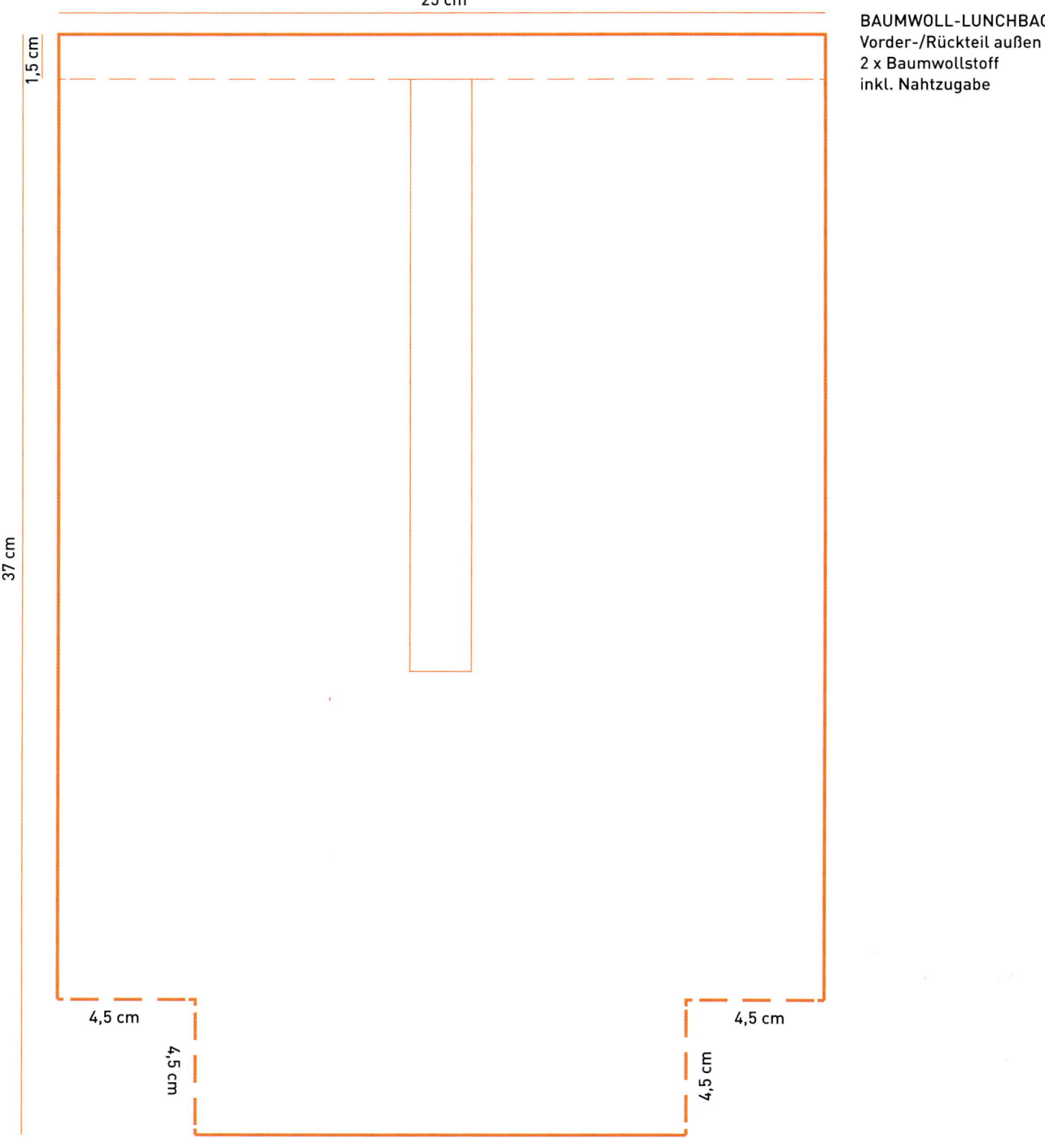

4,5 cm

4,5 cm

4,5 cm

4,5 cm

LUNCHBAG, S. 48/49
auf 200 % vergrößern

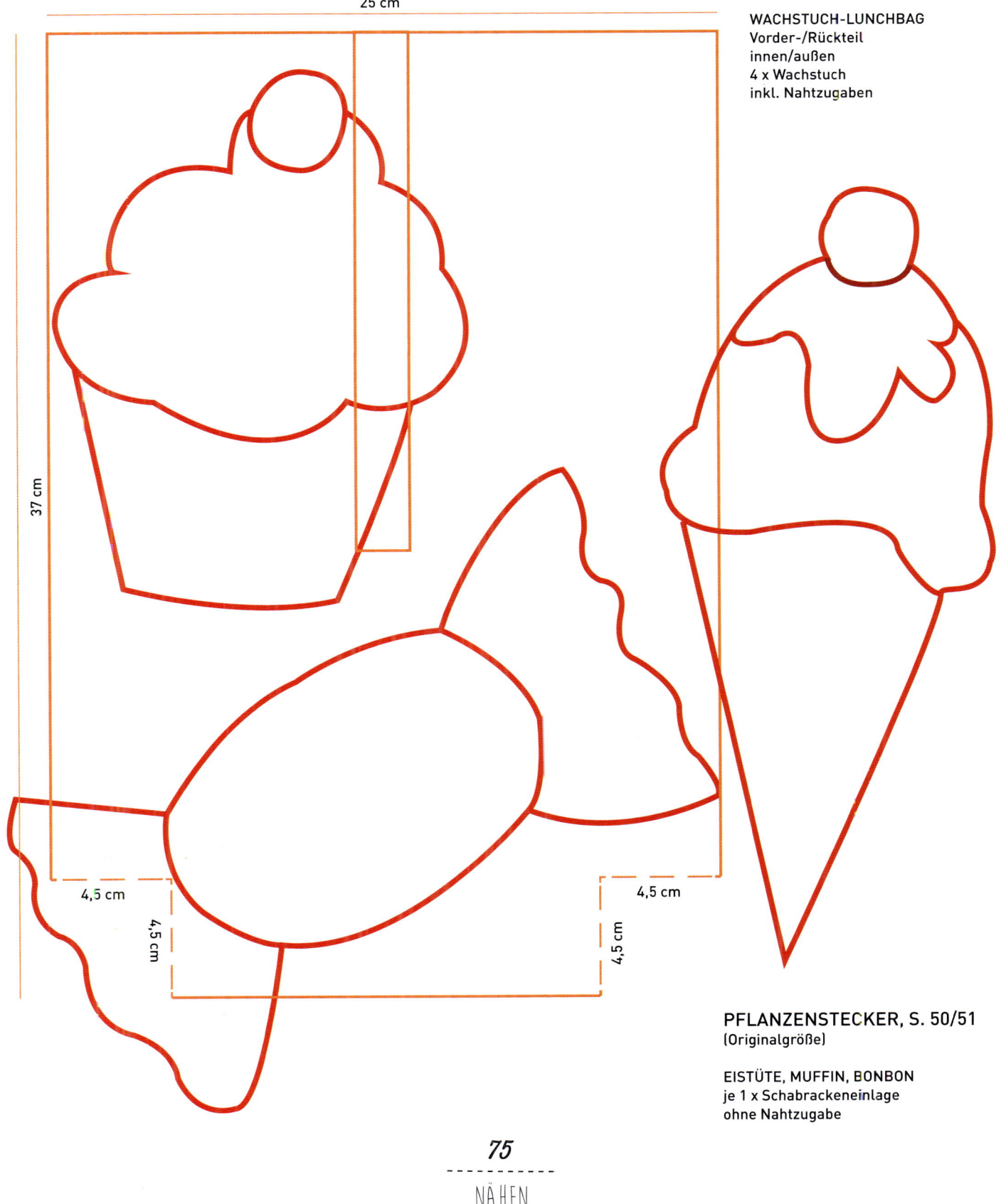

25 cm

WACHSTUCH-LUNCHBAG
Vorder-/Rückteil
innen/außen
4 x Wachstuch
inkl. Nahtzugaben

37 cm

4,5 cm

4,5 cm

4,5 cm

4,5 cm

PFLANZENSTECKER, S. 50/51
(Originalgröße)

EISTÜTE, MUFFIN, BONBON
je 1 x Schabrackeneinlage
ohne Nahtzugabe

GELDBÖRSE, S. 56/57
auf 200 % vergrößern

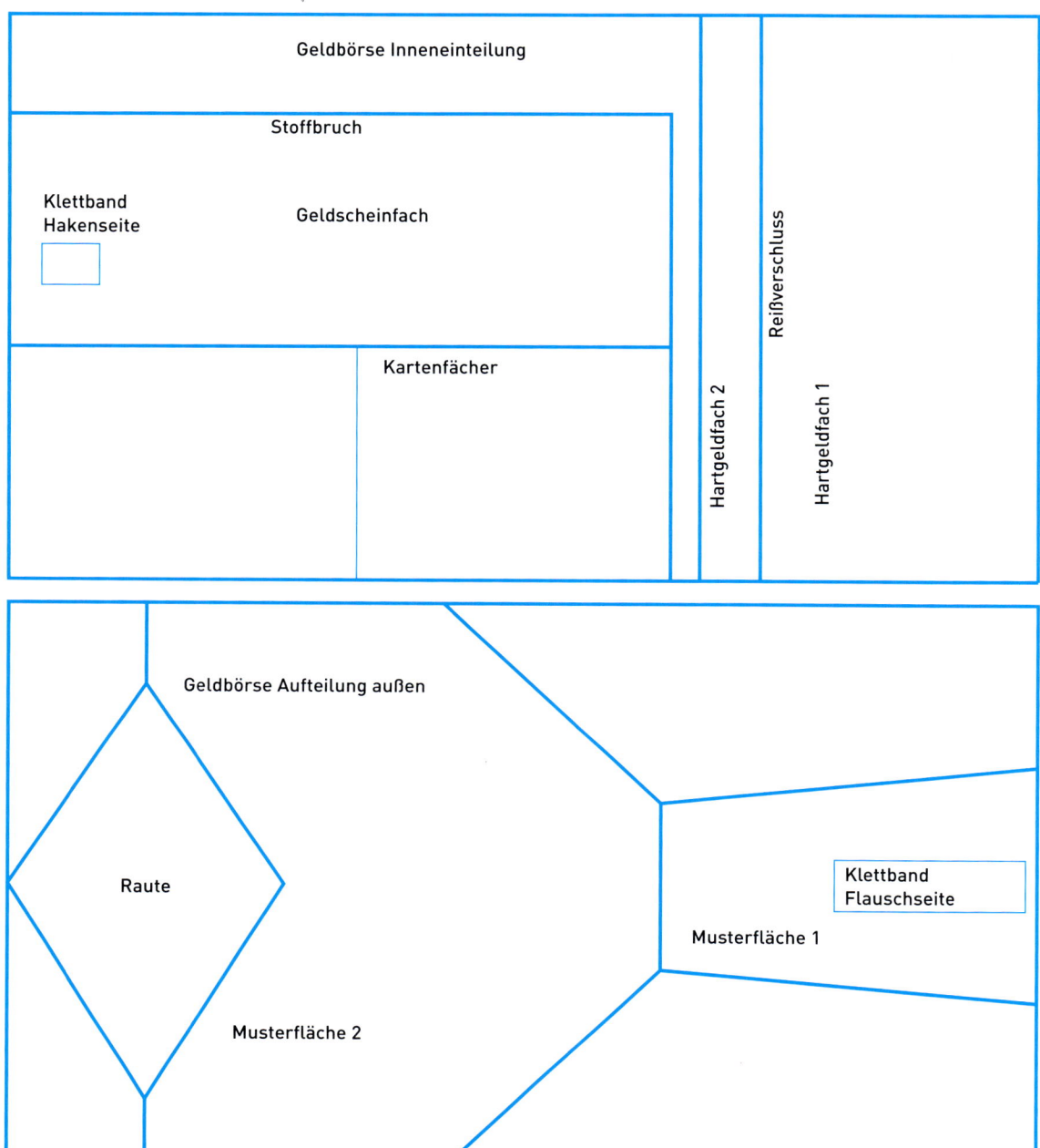

Geldbörse Inneneinteilung

Stoffbruch

Klettband
Hakenseite

Geldscheinfach

Reißverschluss

Hartgeldfach 2

Hartgeldfach 1

Kartenfächer

Geldbörse Aufteilung außen

Raute

Klettband
Flauschseite

Musterfläche 1

Musterfläche 2

INNEN-/AUSSENSEITE
2 x Leinen
2 x Gewebeeinlage
plus 1 cm Nahtzugabe

HARTGELDFACH 1
1 x Leinen
plus 1 cm Nahtzugabe

HARTGELDFACH 2
1 x hellbrauner Stoff mit Kreisen
plus 1 cm Nahtzugabe

KARTENFÄCHER
1 x weißer Stoff mit Muster
plus 1 cm Nahtzugabe

GELDSCHEINFACH
1 x brauner Stoff mit Muster im Bruch
plus 1 cm Nahtzugabe

RAUTE
1 x weißer Stoff mit Muster
plus 1 cm Nahtzugabe

MUSTERFLÄCHE 1
1 x hellbrauner Stoff mit Kreisen
plus 1 cm Nahtzugabe

MUSTERFLÄCHE 2
1 x brauner Stoff mit Muster
plus 1 cm Nahtzugabe

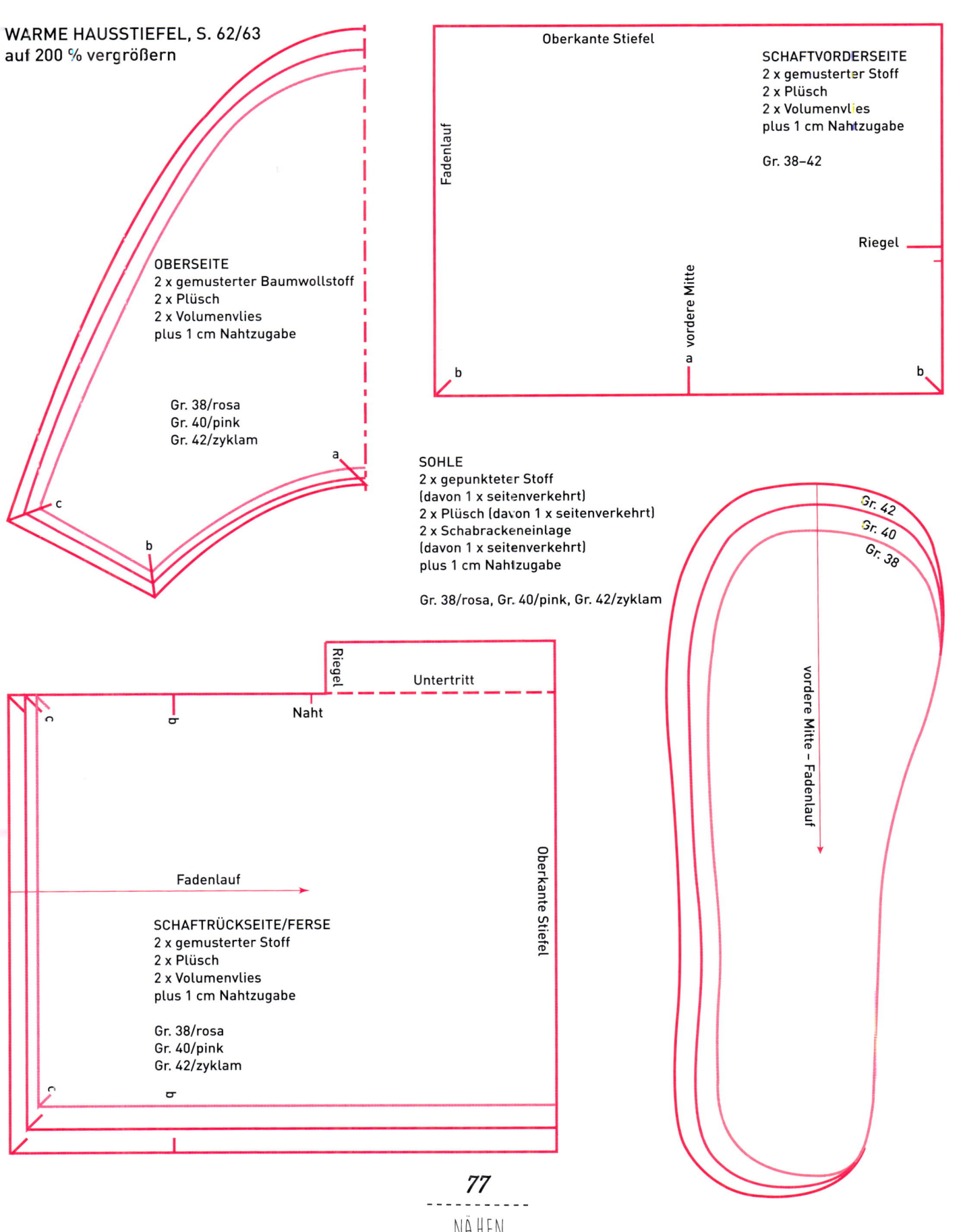

WARME HAUSSTIEFEL, S. 62/63
auf 200 % vergrößern

OBERSEITE
2 x gemusterter Baumwollstoff
2 x Plüsch
2 x Volumenvlies
plus 1 cm Nahtzugabe

Gr. 38/rosa
Gr. 40/pink
Gr. 42/zyklam

a
c
b

Oberkante Stiefel

SCHAFTVORDERSEITE
2 x gemusterter Stoff
2 x Plüsch
2 x Volumenvlies
plus 1 cm Nahtzugabe

Gr. 38–42

Fadenlauf

vordere Mitte

Riegel

b
a
b

SOHLE
2 x gepunkteter Stoff
(davon 1 x seitenverkehrt)
2 x Plüsch (davon 1 x seitenverkehrt)
2 x Schabrackeneinlage
(davon 1 x seitenverkehrt)
plus 1 cm Nahtzugabe

Gr. 38/rosa, Gr. 40/pink, Gr. 42/zyklam

Gr. 42
Gr. 40
Gr. 38

vordere Mitte – Fadenlauf

Riegel
Untertritt
Naht

Oberkante Stiefel

Fadenlauf

SCHAFTRÜCKSEITE/FERSE
2 x gemusterter Stoff
2 x Plüsch
2 x Volumenvlies
plus 1 cm Nahtzugabe

Gr. 38/rosa
Gr. 40/pink
Gr. 42/zyklam

c
b
c
b

FLOWER-POWER-BUS, S. 60/61
auf 250 % vergrößern

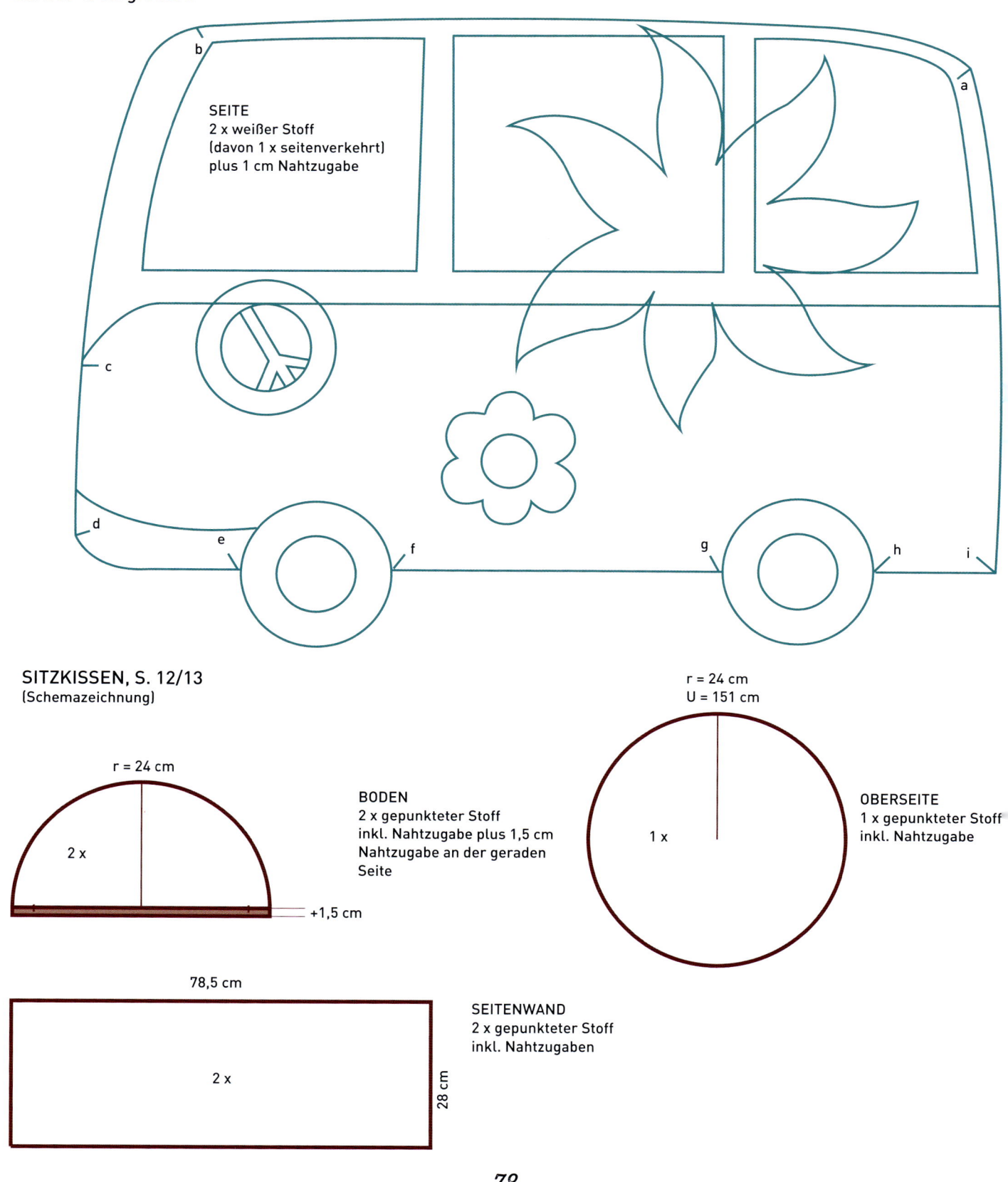

SEITE
2 x weißer Stoff
(davon 1 x seitenverkehrt)
plus 1 cm Nahtzugabe

b

a

c

d

e

f

g

h

i

SITZKISSEN, S. 12/13
(Schemazeichnung)

r = 24 cm

2 x

+1,5 cm

BODEN
2 x gepunkteter Stoff
inkl. Nahtzugabe plus 1,5 cm
Nahtzugabe an der geraden
Seite

r = 24 cm
U = 151 cm

1 x

OBERSEITE
1 x gepunkteter Stoff
inkl. Nahtzugabe

78,5 cm

2 x

28 cm

SEITENWAND
2 x gepunkteter Stoff
inkl. Nahtzugaben

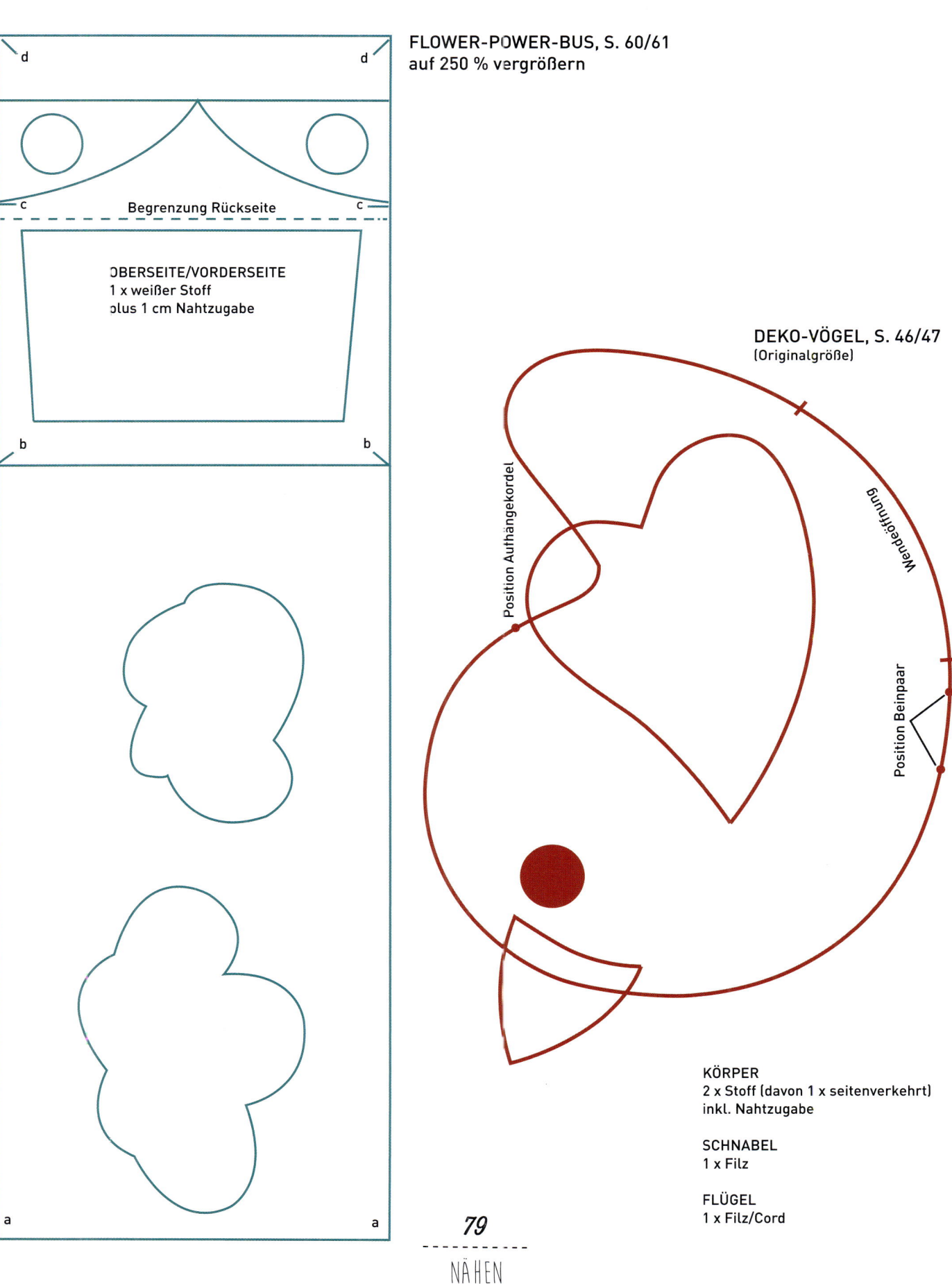

FLOWER-POWER-BUS, S. 60/61
auf 250 % vergrößern

d d

Begrenzung Rückseite

c c

OBERSEITE/VORDERSEITE
1 x weißer Stoff
plus 1 cm Nahtzugabe

b b

a a

DEKO-VÖGEL, S. 46/47
(Originalgröße)

Position Aufhängekordel

Wendeöffnung

Position Beinpaar

KÖRPER
2 x Stoff (davon 1 x seitenverkehrt)
inkl. Nahtzugabe

SCHNABEL
1 x Filz

FLÜGEL
1 x Filz/Cord

Autorinnen:

Heidi Grund-Thorpe (S. 11, 15, 17, 19, 20, 23, 30, 33, 35, 37, 38, 50, 53, 54, 57, 58, 61, 63)

Petra Hoffmann (S. 8, 13, 27, 41, 47, 49)

Ruth Laing (S. 29, 43)

Fotos und Illustrationen:

Ullrich Alber: S. 9–27, 30–41, 47–57, 61, 63

Ruth Laing: S. 29, 43

Fotostudio Inge Ofenstein: S. 58

Irina Gilgen: Icon Stoppuhr

Fotolia.com: © RoyStudio (Leinenhintergrund),
© ReinLedy (Icon Garnspule)

Wir bedanken uns bei den Firmen Prym Consumer Europe GmbH (Stolberg), Gütermann GmbH (Gutach-Breisgau) sowie BeaLena®/Hollmann Textil GmbH (Cham) für die Unterstützung beim Erstellen des Buches.